SAVOIR RÉDIGER
LE COURRIER D'ENTREPRISE

Éditions Eyrolles
61, bd Saint-Germain
75240 Paris Cedex 05
www.editions-eyrolles.com

ISBN : 978-2-212-57137-0
© Groupe Eyrolles, 1998, 2014
© Éditions Eyrolles, 2019

MICHELLE FAYET ALINE NISHIMATA

SAVOIR RÉDIGER LE COURRIER D'ENTREPRISE

Nouvelle édition augmentée

Éditions
EYROLLES

TABLE DES MATIÈRES

QU'EST-CE QUE LE STYLE PROFESSIONNEL ?

Des milliers de personnes écrivent chaque jour, non pour philosopher ou décrire leurs sensations ou leurs états d'âme, mais pour transmettre une multitude d'informations, à l'aide de lettres, e-mails, notes, comptes rendus, rapports… Du personnel d'entreprises publiques ou privées jusqu'aux particuliers en passant par les artisans et les commerçants tous peuvent se demander un jour : « Mais qu'est-ce que le style professionnel ? »

Comment pourrions-nous définir l'écriture de cette foule de rédacteurs ? Pourrions-nous déceler dans cette écriture à vocation essentiellement pratique des tendances, des habitudes, des limites ? Comment situer ce style, reflet de réalités quotidiennes, parmi les diverses écritures possibles, littéraires ou journalistiques ? Une réflexion sur le style professionnel nous paraît tout d'abord essentielle si notre objectif est, avant tout, d'améliorer la qualité de notre communication écrite.

Par ailleurs, en chacun de nous existe une tendance à idéaliser l'écrit, tendance liée souvent à des souvenirs scolaires peu agréables. Il arrive aussi aux rédacteurs de confondre les notions de « bien écrire » de manière littéraire ou journalistique et de « bien écrire » de manière professionnelle. Pour beaucoup, cette distinction n'est presque jamais faite. Or, elle est essentielle, car les exigences ne sont pas les mêmes.

En effet, les écrits littéraires ou journalistiques s'adressent à des lecteurs aux goûts diversifiés, de niveaux de vocabulaire parfois très différents selon le lectorat choisi. Ceux qui manient cette langue la maîtrisent souvent bien et savent en exploiter toutes les ressources, imprégnant fortement le texte de leur personnalité. La langue professionnelle, au contraire, doit avoir pour dominante un style neutre, relativement plat en apparence, car sa vocation essentielle est la transmission d'un message clair et précis. Il est donc possible de proposer à tous d'accéder à une bonne écriture professionnelle, sa qualité résidant essentiellement dans sa correction. Un style trop original ou trop recherché n'a pas cours dans ce domaine.

Aussi, pour vous permettre de saisir rapidement les caractéristiques du style professionnel par le biais de la comparaison, nous vous présentons ci-après un certain nombre de textes, d'origine littéraire ou journalistique côtoyant des écrits professionnels courants. Observez la simplicité stylistique de tous ces documents professionnels. Cependant, grâce à eux, le message professionnel est transmis : l'objectif d'efficacité recherché est atteint.

Les clés de base d'écriture littéraire et journalistique

D'une sélection de textes, issus de la littérature ou du journalisme, se dégage l'impression que la langue y manifeste une grande liberté d'action au gré des besoins d'expression pour penser, interpeller, surprendre, émouvoir, choquer, rire ou pleurer. Ce qui ne va pas être le cas de la langue professionnelle dont la mesure et la tenue sont maintenues par des codes implicites que nous allons expliciter progressivement au cours de cet ouvrage.

Observation de textes puisés dans la littérature

Une phrase très longue côtoyant une phrase courte :
un rythme de construction irrégulier

« L'attelage du sommeil, semblable à celui du soleil va d'un pas si égal, dans une atmosphère où ne peut plus l'arrêter aucune résistance, qu'il faut quelque petit caillou aérolithique étranger à nous (dardé de l'azur par quel Inconnu ?) pour atteindre le sommeil régulier (qui sans cela n'aurait aucune raison de s'arrêter et durerait d'un irrégulier mouvement pareil jusque dans les siècles des siècles) et le faire, d'une brusque courbe, revenir vers le réel, brûler les étapes, traverser les régions voisines de la vie, où bientôt le dormeur entendra, de celle-ci, les rumeurs presque vagues encore, mais déjà perceptibles, bien que déformées, et atterrir brusquement au réveil. Alors de ces sommeils profonds on s'éveille dans une aurore, ne sachant qui on est, n'étant personne, neuf, prêt à tout, le cerveau se trouvant vidé de ce passé qui était la vie jusque-là. »

MARCEL PROUST, *Sodome et Gomorrhe*

Des phrases de peu de mots voire d'un seul mot,
sans verbe, côtoyant des phrases courtes

« Alors elle faisait le plan de la ville, pour arrêter le mouvement de tourbillon. Mais ça n'était pas facile. Elle partait du centre de sa tête, et elle essayait de compter premier tourbillon, deuxième tourbillon, troisième tourbillon. Courant. Barre d'écueils. Un cap. Série d'îlots. Barre. Impacts de la houle. Quatrième, cinquième tourbillon. Immense esplanade, plaque d'huile, bonasse. Calme, calme. Vent du large. Vol de goélands. Bas-fond. Plage courte, où vont s'échouer les méduses. Couloir aérien. Déchirure de nuages. »

J. M. G. LE CLÉZIO, *La Guerre*

Une phrase de 18 lignes, difficile à comprendre,
en raison de sa longueur

« D'autre part, il faut bien avouer que si je m'éveille, voyant avec une extrême lucidité ce qui en dernier lieu vient de se passer : un insecte couleur mousse, d'une cinquantaine de centimètres, qui s'est substitué à un vieillard,

vient de se diriger vers une sorte d'appareil automatique ; il a glissé un sou
dans la fente, au lieu de deux, ce qui m'a paru constituer une fraude
particulièrement répréhensible, au point que, comme par mégarde,
je l'ai frappé d'un coup de canne et l'ai senti me tomber sur la tête,
j'ai eu le temps d'apercevoir les boules de ses yeux briller sur le bord de mon
chapeau, puis j'ai étouffé et c'est à grand-peine qu'on m'a retiré de la gorge
deux de ses grandes pattes velues tandis que j'éprouvais un dégoût
inexprimable – il est clair que superficiellement, ceci est surtout en relation
avec le fait qu'au plafond de la loggia où je me suis tenu ces derniers jours
se trouve un nid, autour duquel tourne un oiseau que ma présence effarouche
un peu, chaque fois que des champs il a rapporté en criant quelque chose
comme une grosse sauterelle verte, mais il est indiscutable qu'à la transposition,
qu'à l'intense fixation qu'au passage autrement inexplicable d'une image
de ce genre du plan de la remarque sans intérêt au plan émotif concourent
au premier chef l'évocation de certains épisodes des détraqués et le retour
à ces conjectures dont je parlais. »
    ANDRÉ BRETON, *Nadja*

*Une utilisation des ressources de la langue par mélange
de dialogues et de descriptions pour transmettre
émotions, sensations, ressentis, douleurs…*

« Vous prenez un café ? Marianne sursaute, acquiesce. Révol se relève,
et lui tournant le dos saisit la cafetière qu'elle n'avait pas vue, verse le café
dans des gobelets de plastique blanc, ça fume, ses gestes sont amples
et silencieux, sucre ? Il temporise, aménage sa parole, elle le sait, accompagne
ce tempo, en éprouve la tension paradoxale puisque le temps s'égoutte
comme le café dans la cafetière quand pourtant tout ramène à l'urgence
de la situation, à son caractère radical, tangent, et maintenant Marianne
a fermé les yeux, elle boit, concentrée sur la brûlure liquide dans sa gorge,
tant elle appréhende le premier mot de la première phrase (…) »
    MAYLIS DE KERANGAL, *Réparer les vivants* (Éditions Verticales, 2014)

La phrase sans verbe existe en littérature ou dans l'écriture journalistique. Il s'agit de traduire, grâce à elle, une émotion, de décrire par
touches un paysage, de donner de l'intensité à un mot. Cette forme
de phrase dépend d'un contexte possédant, bien entendu, une phrase
avec au moins un verbe conjugué :

Joie, désir de connaître, amour de la vie. *Il <u>lisait</u> avec ardeur.*

↓   ↓

Phrase sans verbe conjugué   *Phrase avec verbe conjugué*

Soleil de feu. Mer de glace. Plage ocre. *Il <u>courait</u> sur la dune.*

↓   ↓   ↓

Phrases sans verbe conjugué   *Phrase avec verbe conjugué*

Ce type de phrase permet, par sa liberté de forme, de créer un effet de surprise ou un déséquilibre de rythme, utiles à la transmission de sentiments, d'émotions… Même des auteurs réputés pour leurs phrases longues utilisent des phrases courtes selon leurs besoins ponctuels d'expression :

« Moi, c'était autre chose que j'avais à écrire, de plus long, et pour plus d'une personne. **Long à écrire.** Le jour tout au plus pourrais-je essayer de dormir. »

MARCEL PROUST, *À la recherche du temps perdu*

Ainsi, les écrivains cherchent avant tout à s'exprimer, captant dans un second temps des lecteurs séduits par la puissance de leurs textes en accord avec leurs goûts et leur sensibilité personnelle. Ces auteurs vont par conséquent utiliser la langue dans toutes ses ressources pour faire jaillir le meilleur d'eux-mêmes. Par créativité, ils vont se servir de la langue pour faire émerger un style qui sera « leur marque de fabrique ».

Dans le contexte professionnel, *a contrario,* cette liberté n'est pas de mise. Les phrases, le vocabulaire et le ton vont être constamment contrôlés et uniformisés.

Observation d'un article

Les journalistes jouent également avec la langue comme le font les auteurs du domaine littéraire, mais avec moins de liberté d'écriture. En effet, leurs écrits sont ciblés sur un lectorat, scientifiquement identifié, auquel il leur faut s'adapter constamment. Ce lectorat va exercer une influence sur le ton choisi (enthousiaste, objectif, agressif, virulent, humoristique…) et le niveau de vocabulaire sera ajusté à son niveau culturel. Les procédés sont toutefois les mêmes qu'en littérature, mais avec un objectif parfaitement défini et des titres accrocheurs.

L'écrit : allié ou ennemi ?

« Sur le chemin d'un créateur d'entreprise un moment difficile pour certains se trouve dans la simple phrase magique, jetée à la volée par un client, un fournisseur, un investisseur : « Confirmez-le-moi par mail » et bien sûr la réponse sera : « Pas de problème ! » Le stress rien qu'à l'idée d'écrire quelques lignes. Comment débuter un e-mail et quelle formule de politesse utiliser ? Est-ce trop familier ou trop direct ? Et la faute d'orthographe, cette fameuse faute qui guette tous ses écrits telle une vieille ennemie. Surtout, il lui faudra apprendre à se contrôler face à la touche « envoyer ». Cette touche qui, si l'on en croit nos oreilles, est celle que tout le monde regrette d'avoir appuyée trop vite. Le créateur doit donc acquérir sans plus attendre les talents d'écriture de la perle rare qu'il pourra engager quand le développement de société le lui permettra ! »

DYNAMIQUE ENTREPRENEURIALE, L'écrit est un passeport, 18 mars 2018, www.dynamique-mag.com

Même s'ils reprennent les mêmes procédés qu'en littérature, les journalistes vont :

- choisir un angle pour mieux capter le lecteur ;

- insérer un titre incitatif et éventuellement un sous-titre ;

- mettre l'essentiel du fond de l'article dès les premières lignes ;

- privilégier la phrase courte pour renforcer la lisibilité (8 à 16 mots = créneau de lisibilité maximum de lecteurs moyens) ;

- utiliser des registres de langue variés, parfaitement en accord avec leur lectorat ;

- oser parfois l'humour ou la dérision selon le contexte ;

- être constamment guidés par la volonté d'être bien compris.

Le langage professionnel et ses codes implicites

Il s'agit dans le contexte professionnel de transmettre des messages rationnels, accessibles à tous, même quand, parfois, la colère est sous-jacente dans des situations de réclamation par exemple. Celle-ci se manifestera alors avec nuance, toujours avec retenue. Le type de phrase utilisé en contexte professionnel est donc d'une apparence un peu plate, car l'expressivité joue avec l'originalité des phrases, les ruptures, les surprises, le souffle donné par la ponctuation. Or, le langage professionnel ne touche pas à ce registre pour rester toujours explicite, sans laisser la porte ouverte aux interprétations. C'est ce type d'écriture mesurée, contrôlée, qui domine tous les écrits professionnels : e-mails, e-lettres, lettres, messages Internet sur sites, comptes rendus, notes, rapports…

Toutefois, contrairement au style journalistique, il n'est jamais tenu compte du niveau culturel des destinataires lors de la rédaction d'un écrit professionnel, sauf dans quelques cas de rapports ou de projets. En effet, généralement, les documents sont destinés à un ou plusieurs destinataires, très souvent non identifiés. Il s'agit de toujours écrire des textes accessibles à tous, donc très uniformisés.

Faire passer le sens des messages dans les meilleures conditions est l'objectif central de ce type d'écrit et le propos de ce livre, divisé en fiches pour une utilisation ponctuelle, étroitement liée à un besoin surgi au gré de l'écriture.

Observation de documents professionnels

Exemple de lettre

Madame, Monsieur,

En réponse à votre lettre du 23 mars dernier, nous vous adressons ci-joints des échantillons de différentes qualités de tissus, dont vous trouverez également les tarifs avec tous les détails concernant la livraison, les quantités et les conditions habituelles de paiement.

Comme vous le constaterez, nous avons une numérotation spécifique pour la qualité, la nuance et le dessin. Afin d'éviter toute cause d'erreur, nous nous permettons de vous demander de reporter ces numéros avec la plus grande exactitude.

Nous possédons un matériel de pointe et l'ensemble de notre personnel est hautement qualifié. Nous sommes donc fondés à espérer que, lorsque vous connaîtrez nos méthodes de fabrication, vous nous donnerez désormais la préférence.

Nous vous prions d'agréer, Madame, Monsieur, l'expression de nos sentiments respectueux.

Exemple d'e-mail

Bonjour,

Lors de notre entretien téléphonique du 3 mars dernier, vous m'avez proposé d'organiser, le 16 mars, une réunion pour déterminer ensemble les prochains objectifs de notre département.

> Après étude des résultats de l'année passée, j'ai rédigé un mémo susceptible de nous servir de base lors de notre réflexion commune.
>
> Pouvez-vous, de votre côté, établir quelques pistes de réflexion qui pourraient alimenter nos échanges lors de cette rencontre ?
>
> Je vous en remercie par avance.
>
> Cordialement,

Tous les documents professionnels présentent :

- des phrases courtes axées sur la communication du message ;
- une monotonie générale de construction ;
- une absence totale d'humour, d'originalité ;
- un vocabulaire courant accessible à tous ;
- un style dénué de tout artifice.

DIFFÉRENCES STYLISTIQUES ENTRE ÉCRITURES PROFESSIONNELLE, LITTÉRAIRE ET JOURNALISTIQUE

STYLE PROFESSIONNEL	STYLES LITTÉRAIRE ET JOURNALISTIQUE
Phrases relativement courtes de 2 lignes dans le cas le plus courant pour être certain d'être parfaitement compris.	Phrases libres en littérature et courtes en langage journalistique pour être certain d'être lu.
Construction de phrases basiques avec sujets et verbes conjugués pour ne pas surprendre des lecteurs non identifiés culturellement.	Phrases sans verbes possibles mêlées à des phrases avec sujets et verbes conjugués pour capter l'attention.
Absence d'originalité des constructions pour ne pas détourner du message.	Constructions irrégulières pour surprendre et séduire en fonction de ses besoins d'expression.
Emploi fréquent de mots de liaison pour renforcer la cohérence et faire passer les messages sans ambiguïté.	Des liaisons subtiles pour offrir des textes plus légers, davantage dans la suggestion.

.../...

.../...

DIFFÉRENCES STYLISTIQUES ENTRE ÉCRITURES PROFESSIONNELLE, LITTÉRAIRE ET JOURNALISTIQUE

STYLE PROFESSIONNEL	STYLES LITTÉRAIRE ET JOURNALISTIQUE
Vocabulaire courant de base, mais jamais relâché, porteur d'images positives, sans répétitions ni incorrections.	Vocabulaire extrêmement vivant, véhiculant des images et jouant sur différents niveaux de langue.
Ton neutre et contrôlé selon un éventail restreint d'expression : colère exprimée en simple irritation et amabilité toujours présente pour bien faire passer les messages.	Expressivité forte appuyée sur toutes les ressources de la langue selon les besoins de personnalisation du texte (style littéraire et journalistique) ou de s'adapter à un lectorat identifié (style journalistique).
Ponctuation grammaticale et logique pour apporter de la clarté au message et éviter toutes ambiguïtés en s'adressant constamment à la raison par le biais d'un ton toujours contrôlé.	Ponctuation pouvant créer un rythme et donner du souffle aux phrases pour un plaisir de lecture relié à l'émotion, la sensation…

Les 28 fiches de ce livre doivent vous permettre de respecter les codes du langage professionnel et, ainsi, de parfaire votre image d'excellent professionnel.

Partie I

DONNER DU STYLE À SES ÉCRITS

S'APPROPRIER LA PHRASE PROFESSIONNELLE

L'écriture professionnelle est dominée par la phrase courte, reliée par des mots de liaison. Il s'agit là d'utiliser des phrases dépassant rarement deux lignes. À cette exigence, il faut ajouter la régularité des constructions de phrases dans l'objectif de ne pas dérouter les lecteurs qui doivent se centrer sur le message. Toute originalité stylistique pourrait en effet les détourner du sens qui, dans ce contexte, est l'élément essentiel. De plus, leur niveau culturel étant non identifié, il s'agit de ne prendre aucun risque d'interprétation. Des procédés stylistiques employés en littérature ou dans le style journalistiques ne seront donc pas de mise en langage professionnel, telles l'inversion de la phrase ou encore la phrase sans verbe conjugué. La phrase professionnelle se doit par conséquent de suivre plusieurs critères bien identifiés.

Quatre conseils pour améliorer visiblement vos réflexes à l'écrit

Jouez sur la régularité des constructions

Les phrases de langue professionnelle possèdent des constructions similaires. Ces phrases sont, le plus souvent, construites sur le modèle de la phrase française type, c'est-à-dire :

SUJET + VERBE + COMPLÉMENTS
Nous enverrons ce colis dans les prochains jours.

SUJET + PRONOM + VERBE + COMPLÉMENTS
Nous vous transmettrons ces renseignements sous peu.

En situation professionnelle, l'objectif est de transmettre un message le plus explicitement possible. Il est donc important de reprendre la structure de phrase la plus fréquente à l'oral. Certaines constructions, par leur originalité de structure, pourraient en effet dérouter le lecteur et nuire à la bonne transmission du message.

Une lettre qui serait bâtie seulement selon ces structures classiques apparaîtrait, certes, un peu monotone stylistiquement, mais ne choquerait personne.

Monsieur,

Nous avons bien reçu votre lettre du 26 mars dernier par laquelle vous nous signalez un retard dans l'expédition d'une partie des articles faisant l'objet de votre commande n° 65486.

Nous acceptons votre proposition et vous demandons de bien vouloir nous faire parvenir le solde de la commande le 10 avril prochain.

Nous vous prions d'agréer, Monsieur, nos salutations distinguées.

Évitez l'inversion totale de la phrase

Des procédés de style, courants en littérature, comme l'inversion du verbe, ne sont jamais utilisés en langage professionnel :

« Et se balancent et chantent ces rideaux de bambou, de perles de verre qui sont aux portes des coiffeurs. »
VALÉRY LARBAUD

Nous n'écririons pas en effet en langage professionnel :

De notre service commercial proviennent ces directives.

COMPLÉMENT + VERBE + SUJET

Éliminez les phrases sans verbe

Le langage professionnel respecte les constructions grammaticales régulières les plus classiques. Il ne prend aucune liberté de construction comme le fait le langage littéraire ou journalistique : son souci n'est jamais d'ordre expressif ou esthétique. Ainsi, la liberté d'expression que représente la phrase sans verbe y est prohibée, sauf au sein de certains tableaux. Or, en littérature ou dans le style journalistique, c'est un procédé très courant :

« Un moment extraordinaire. Le soleil se couchait. Vaste paysage rose traversé de longues flèches d'or. Les nuages disposaient autour de nous des rochers fantastiques. »
JEAN GUÉHENNO

Privilégiez la phrase courte

Cette phrase ne comporte souvent pas de subordonnées. La lettre, l'e-mail ou l'e-lettre présentent presque toujours des phrases de longueur sensiblement égale (autour de deux lignes). L'objectif est de transmettre un message compréhensible pour tout lecteur ; la forme ne doit pas détourner du message. En littérature, en revanche, la forme participe à la transmission du message en lui apportant une dimension esthétique complémentaire.

Comparez les textes suivants :

Rythme régulier des phrases en langage professionnel

Nous recevons votre lettre qui nous annonce une expédition partielle, à valoir sur les articles commandés le 5 janvier dernier.

Nous vous remercions d'avoir fait le nécessaire afin que nos fabrications ne soient pas interrompues.

Rythme irrégulier avec variété de constructions en langage littéraire

« La fête ne se limitait pas au cœur de feu de la petite ville. Au-delà des lumières, des musiques et des grandes ombres descendantes, la joie se prolongeait par grandes traînées dans les rues larges, reflambant aux petits cafés pour atteindre le faubourg où beaucoup de gens circulaient, qui chantaient, riaient, et se payaient des plaisirs plus à leur portée que les baraques de la Grand-Place. Tout le monde était dans la rue. »

ARAGON, *Les Beaux Quartiers*

En littérature, le rythme irrégulier des phrases est quasi permanent. Parler d'auteurs à phrases longues ou courtes revient à définir seulement une tendance générale. Tous les auteurs utilisent la phrase longue ou la phrase courte afin de créer des ruptures favorables à la vie de l'expression.

La phrase professionnelle sera quant à elle d'autant plus monotone qu'à des constructions identiques, elle mêlera des longueurs sensiblement régulières.

À RETENIR

- Évitez d'enchaîner dans la même phrase plus d'une proposition subordonnée, coordonnée ou juxtaposée.
- Pensez en vous relisant à couper systématiquement votre phrase lorsque vous ressentez la lourdeur d'une phrase longue.
- Mettez une seule idée par phrase : c'est une condition essentielle de clarté.
- Reliez votre idée par un mot de liaison si celle-ci est répartie sur deux phrases en raison de sa longueur.

Mise en pratique fiche 1

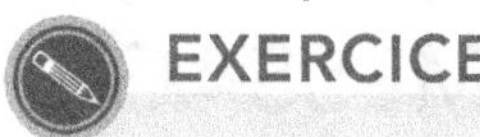

EXERCICE

Améliorez la qualité de cette lettre :

Madame, Monsieur,

Nous sommes particulièrement sensibles à la confiance que vous nous témoignez au travers du courant d'affaires que nous développons avec votre société dans un esprit de collaboration technique et commerciale auquel nous souhaitons apporter tous nos soins.

C'est la raison pour laquelle nous souhaiterions attirer votre attention sur les conditions de fonctionnement de nos services de production.

En effet, depuis un an environ, nous avons constaté un accroissement important du nombre d'ordres, qui s'accompagne d'une augmentation des quantités unitaires à livrer dans des délais très courts. Ce changement se répercute directement non seulement sur les coûts de production, mais également sur les délais de mise à disposition de vos ordres. Nous voudrions donc par la présente vous confirmer les deux points qui suivent :

– les délais moyens d'exécution de vos commandes sont actuellement de 4 semaines minimum pour des produits de consommation régulière qui peuvent atteindre 6 à 8 semaines pour des produits spéciaux ;

– les frais d'expédition sont établis en fonction des quantités unitaires commandées.

En conséquence, nous vous invitons à tenir compte de ces deux points, en vous efforçant de grouper vos ordres dans la mesure du possible. Nous sommes persuadés de votre compréhension et vous en remercions par avance.

Veuillez agréer, Madame, Monsieur, nos sentiments les meilleurs.

Corrigé page 286

TRANSMETTRE SON MESSAGE EFFICACEMENT

Rédiger en phrases courtes n'est pas aussi simple qu'il n'y paraît. En effet, les phrases enchaînées de l'oral ont tendance à être reproduites en l'état par les rédacteurs novices. Ils créent alors spontanément, sans le vouloir, des phrases longues. Selon des études, la lisibilité de la phrase atteint son maximum quand elle comprend entre 8 et 16 mots, soit une à deux lignes sur écran. Pour être très professionnel, il faut par conséquent s'imposer un rythme bien identifié : une idée par phrase pour les transmissions factuelles et une même idée développée en deux ou trois phrases lors de moments plus spécifiques d'analyse ou d'argumentation.

Faire des phrases courtes

À partir de deux phrases extraites du courrier, observons quelle pourrait être, selon ces critères, la longueur d'une phrase professionnelle :

Phrase minimale courante

Ces commandes ont été expédiées le 27 octobre dernier.

Phrase maximale courante

Si la livraison ne nous parvenait pas avant le 21 septembre prochain, nous subirions un préjudice considérable en raison des méventes entraînées par ce retard, indépendant de notre volonté.

Dans le domaine professionnel, il est primordial de bannir des écrits toute phrase pouvant nuire à la compréhension du destinataire. La phrase longue et ses méandres est donc à rejeter systématiquement. Nous lui préférerons une phrase relativement courte, accessible à tous (moins de 20 mots). En outre, la phrase courte présentera par sa brièveté beaucoup moins de dangers de construction.

Ne dépassez pas deux lignes et demie dactylographiées, la phrase idéale étant une phrase de deux lignes.

La phrase correcte en langage professionnel

La phrase est composée d'un ensemble de mots. Elle doit pouvoir être comprise en dehors de son contexte : elle possède un sens en elle-même. Dans cette volonté de mettre en valeur le contenu, la phrase professionnelle la plus courante s'ordonne autour d'un verbe conjugué :

*Nous **souhaiterions** vous rencontrer.*

Une erreur fréquente en introduction

La première phrase de l'exemple suivant est incorrecte parce qu'elle ne possède aucun verbe conjugué. À la place du point, il aurait fallu mettre une virgule, car le verbe conjugué se trouve dans la seconde phrase :

En réponse à votre lettre du 9 janvier dernier concernant votre commande de 5 bibliothèques en sapin référence n° 876. Nous vous confirmons…

Verbe conjugué   *Pas de verbe conjugué*

Cette erreur est très fréquente en début de lettre, d'e-mail ou d'e-lettre. Faites-y attention.

Dans ce contexte, une phrase longue serait une phrase qui comporterait plus de deux verbes conjugués. Celle-ci pourrait donc être une phrase constituée de plusieurs subordonnées ou d'une subordonnée suivie d'une phrase coordonnée ou juxtaposée. Ce type de phrase longue est d'une lecture difficile, car l'esprit doit faire l'effort d'enchaîner plusieurs idées. La phrase longue réclame en outre du lecteur une plus grande habitude de la lecture. Or, nous ne nous adressons pas toujours à des lecteurs confirmés.

La phrase longue est la phrase de l'analyse, elle est donc plus fréquente en littérature. C'est la phrase qui permet une analyse psychologique détaillée, mais aussi de décrire avec minutie une sensation intérieure ou d'aller jusqu'au bout d'un raisonnement. Elle peut toutefois être également utile dans certains écrits professionnels qui appellent, eux aussi, un raisonnement très complet (certains types de rapports, par exemple).

Observez comment une phrase longue avec subordonnées enchaînées (1) peut être ramenée à deux phrases courtes (2) :

1. Nous regrettons de vous informer que les recherches effectuées pour retrouver le colis de verres, que vous avez expédié le 27 novembre dernier par notre intermédiaire, sont restées vaines et que votre envoi est considéré comme perdu par notre service Expéditions.

2. Nous regrettons de vous informer que les recherches effectuées pour retrouver le colis de verres, expédié le 27 novembre dernier par notre intermédiaire, sont restées vaines. Votre envoi est considéré comme perdu par notre service Expéditions.

 *Pour écourter vos phrases, vous pouvez vous exercer à supprimer les « qui » et les « que ». Cependant, il vous faudra à cet effet soit supprimer du texte, soit insérer un point et faire une autre phrase.*

Écrire une seule idée par phrase

Habituez-vous à introduire une seule idée par phrase. Or, l'insertion de plusieurs idées dans une même phrase est un défaut fréquent. Certains écrivent au fil de la plume, en suivant leurs idées, sans tenir compte de leurs destinataires. Ils produisent ainsi, involontairement, des phrases longues où plusieurs idées se mêlent dans la même phrase. Ces phrases sont préjudiciables à la clarté du message. Le destinataire n'en retient alors qu'une partie, généralement le début.

En observant les phrases longues de certains grands écrivains, nous constatons que, même dans ce type de phrase, ils n'ont développé qu'une seule idée, mais en l'exploitant de manière extrêmement complète.

Ainsi, Marcel Proust, parlant du vieillissement, écrit :

« Chez certains êtres le remplacement successif, mais accompli en mon absence, de chaque cellule par d'autres, avait amené un changement si complet, une si entière métamorphose que j'aurais pu parler cent fois en face d'eux dans un restaurant sans me douter plus que je les avais connus autrefois que je n'aurais pu deviner la royauté d'un souverain incognito ou le vice d'un inconnu. »

À la recherche du temps perdu

En revanche, il faut éviter de rédiger des phrases où se côtoient plusieurs idées, comme dans la phrase suivante, extraite d'un cas réel :

« Afin de remédier à ce fâcheux état de choses en profitant de la possibilité que nous offrent les circonstances, je vous prie de me faire savoir, de manière que je puisse proposer à ma famille une décision en toute connaissance de cause si vous accepteriez de prendre en charge le renouvellement du bail et, dans ce cas, comment et à quelles conditions vous conduiriez la chose, qui ne sera pas simple, je le crains, car M. Frey, en cours de bail et sans que celui-ci en soit modifié dans ses termes, a aménagé, avec notre accord, il est vrai, une bergerie à ses frais dont nous ne tirons aucun profit bien que ce soit sur nos terres que les bêtes s'engraissent. »

Trois idées sont abordées dans cette phrase :
1. Accepteriez-vous de prendre en charge le renouvellement du bail ?
2. Comment et à quelles conditions ?
3. Explication de la difficulté.
↳ **Phrase difficile à comprendre en raison de son extrême longueur**

À RETENIR

- Veillez à faire des phrases courtes de deux lignes en moyenne.

- Ne mêlez pas plusieurs idées dans la même phrase au risque de rendre votre texte confus.

- Insérez une seule idée par phrase.

- Faites plusieurs phrases reliées par des mots de liaison en cas d'idée développée.

Mise en pratique fiche 2

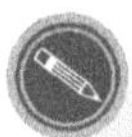 ## EXERCICE

Coupez les phrases longues suivantes afin de les rendre plus lisibles et de vous exercer à acquérir un « réflexe phrase courte » :

1. Nous avons le regret de vous informer que nous n'avons pas reçu votre règlement, aussi afin d'effectuer des recherches en nos services, nous vous serions obligés de bien vouloir nous retourner le document ci-joint, dûment rempli.

2. En effet, dans l'immédiat, nous devons attendre l'expertise de l'assureur et ne pouvons rien entreprendre pour reconstituer, même partiellement, notre capacité de production et de vente, il nous faut compter sur un délai de deux mois avant que ne soient terminées les différentes procédures préparant le règlement du sinistre, règlement qui permettra à notre trésorerie, provisoirement restreinte, de faire face à toutes nos obligations.

3. Il nous est parvenu, ces derniers temps, un nombre très important de commandes à livrer dans des délais souvent très réduits, notre service Expéditions a donc été contraint à un travail accru, encore accentué par les conséquences d'une grève concernant plusieurs services de l'un de nos fournisseurs.

4. Nous vous rappelons que les conditions particulières dont vous bénéficiez nous amènent à faire apparaître sur nos factures une remise de 2 % et il est bien entendu que cette même remise s'applique sur les avoirs que nous pouvons émettre.

5. Il est rappelé à tous les représentants de bien vouloir soumettre les dossiers de leurs clients à notre service financier qui définira lui-même le mode de règlement des factures, car aucune dérogation ne saurait être acceptée si cette démarche n'était pas accomplie.

6. Or, la difficulté vient du fait que vous donnez vos ordres de déductions à vos services comptables dès que vous constatez un litige (articles manquants, retours de marchandises, etc.) avant même de recevoir nos notes de crédit et en omettant de tenir compte de la remise, ce fait entraîne ensuite dans notre comptabilité une multitude de différences de règlements, souvent minimes, et qui n'aboutissent à une régularisation qu'après plusieurs interventions de nos services.

7. Vous n'ignorez pas que la vente est une convention par laquelle les deux parties contractantes s'engagent l'une vis-à-vis de l'autre, c'est donc à juste titre, et pour nous garantir de tout préjudice, que nous nous estimons directement concernés par l'identité de notre interlocuteur.

8. Vos remarques concernant les imperfections typographiques que comportait votre annonce parue, le 5 mai dernier dans notre journal, nous paraissent pleinement justifiées, car il est exact que votre texte ne comportait pas initialement ces erreurs dues à un problème de composition finale.

Corrigé page 287

ALLÉGER SES PHRASES

L'écrit professionnel est le règne de la phrase courte d'environ deux lignes. Au-delà de la lisibilité créée par ce type de phrase, l'impression de professionnalisme va passer également par la fluidité. La sensation de lecture agréable provient surtout de la suppression des «qui» et «que», très fréquents et naturels à l'oral. Reproduits par mimétisme à l'écrit, ils alourdissent les textes. Ce ressenti provient généralement de l'emploi abusif de ces quelques pronoms relatifs et conjonctions qui heurtent la lecture.

Afin de vous engager dans la voie de la fluidité stylistique, nous vous proposons de repérer, dans cette fiche, les points à problème. Dans cette perspective, une partie de la fiche traitera de la suppression des subordonnées relatives tandis qu'une seconde partie vous proposera les différents moyens susceptibles d'alléger les autres subordonnées. La fluidité surgira naturellement de ces nouvelles façons de contrôler votre style…

Les lourdeurs liées aux pronoms relatifs

Quels sont les pronoms relatifs ?

FORMES SIMPLES	FORMES COMPOSÉES			
	Singulier		Pluriel	
	Masculin	Féminin	Masculin	Féminin
Qui Que Quoi Dont Où	lequel	laquelle	lesquels	lesquelles
	duquel	de laquelle	desquels	desquelles
	auquel	à laquelle	auxquels	auxquelles

Un pronom relatif représente toujours un nom ou un pronom : l'antécédent.

La **personne dont** je vous parle vous communiquera ces informations.
Il s'agit d'une **lettre qu'il** a reçue ce matin.
Il s'agit de **ceux qu'il** a reçus.

Cependant, tous les pronoms du tableau précédent ne sont pas phonétiquement lourds. Nous ne chercherons donc pas, pour cette raison, à supprimer « dont » et « où ».

Comment éliminer les pronoms relatifs ?

Évitez le pronom quand un adjectif suffit	Ces modalités de paiement présentent des avantages qui sont reconnus par l'ensemble de nos clients. ↳ *Ces modalités de paiement présentent des avantages reconnus par l'ensemble de nos clients.*
Évitez le pronom relatif à l'aide d'une apposition (phrase entre virgules)	Cet employé qui est un ancien élève d'une école de commerce a demandé à participer à la réorganisation du service commercial. ↳ *Cet employé, ancien élève d'une école de commerce, a demandé à participer à la réorganisation du service commercial.*
Évitez le pronom relatif à l'aide d'un adjectif possessif	Les démarches qu'il a effectuées n'ont pas eu un rôle déterminant lors de l'instruction de l'affaire. ↳ *Ses démarches n'ont pas eu un rôle déterminant lors de l'instruction de l'affaire.*

Ce remplacement modifie parfois le sens de la phrase. Il faut donc bien se relire pour éviter, dans quelques cas, de modifier involontairement le sens.

Ne cherchez pas à éliminer les pronoms relatifs trop systématiquement. En effet, dans certains cas, le pronom relatif ne peut être supprimé :

*Vous nous renverrez, à nos frais, toutes les machines **que vous voudrez bien nous confier** pour cette révision.*

Le **pronom relatif** permet parfois de rendre la phrase beaucoup plus précise :

*Il s'agit de sommes **qu'il a perçues** illégalement.*

Attention !
Le pronom relatif désigne le responsable de l'action. Grâce à lui, le coupable est, dans l'exemple ci-dessus, nettement désigné. La phrase aurait été moins forte si nous avions écrit :
Il s'agit de sommes perçues illégalement.

Le pronom relatif, quand il est éloigné de son antécédent, entraîne une ambiguïté. En effet, si le pronom relatif, habituellement placé à côté de son antécédent, est inséré loin de lui, la phrase peut devenir obscure, confuse, voire absurde :
Je vous envoie **ces articles** de la part de M. Durand que vous ne connaissez pas.

La phrase n'est pas claire : est-ce les articles ou M. Durand que vous ne connaissez pas ?

Il aurait mieux valu écrire :
Je vous transmets, de la part de M. Durand, **ces articles que** vous ne connaissez pas.

Une astuce : lequel...

Il est parfois possible de remplacer les pronoms « qui » ou « que » par le pronom « lequel ». Ce dernier offre l'avantage de marquer le genre (masculin ou féminin) et le nombre (singulier ou pluriel) et permet d'éviter l'équivoque :

Il rencontra la fille du directeur qui avait participé au projet.

Est-ce la fille ou le père qui a participé au projet ? L'équivoque est évitée en écrivant :

> *Il rencontra la fille du directeur, **laquelle** avait participé au projet.*

Cependant, il existe, bien sûr, des phrases où le pronom relatif peut être éloigné de son antécédent quand le sens du message est sans ambiguïté :

> *Nous vous confirmons les termes de **notre accord** du 18 septembre dernier **qui** marquera, nous l'espérons, le début d'une longue collaboration.*

La confusion due à l'écart excessif entre le pronom relatif et son antécédent tient à une tendance fréquente à rédiger en suivant son idée, sans tenir compte du lecteur.

Les lourdeurs liées aux conjonctions

Principales conjonctions

Les conjonctions sont très nombreuses, en voici quelques-unes :

Quoique	De manière que	Étant donné que
Parce que	Malgré que	Puisque
Bien que	Dès que	Attendu que
Lorsque	Alors que	Tandis que
Pendant que	Afin que	Pour que, etc.

Comment distinguer un pronom relatif d'une conjonction ?
Que, précédé d'un antécédent est un pronom relatif ; sans antécédent, c'est une conjonction.

Comment éliminer les conjonctions ?

1. Transformez la proposition subordonnée en proposition juxtaposée à l'aide des deux points (vous exprimez alors un rapport de cause)	Il ne pourra vous rendre visite à cette date parce qu'il sera en mission. ↳ *Il ne peut vous rendre visite à cette date : il sera en mission.*
2. Remplacez la proposition subordonnée par un nom	Nous ne pouvons admettre qu'il ait échoué à cet examen. ↳ *Nous ne pouvons admettre son **échec** à cet examen.*
3. Remplacez la proposition subordonnée par un verbe à l'infinitif	Nous réussirons à mener à bien ce projet sans que nous vous empruntions de l'argent. ↳ *Nous réussirons à mener à bien ce projet **sans vous emprunter** de l'argent.*

Incorrection à éviter

Bien que l'on trouve « malgré que » sous la plume d'écrivains, cette locution suscite nombre de discussions opposant grammairiens et auteurs. Il vaut donc mieux l'éviter. « Malgré que » ne peut être employé qu'avec le verbe avoir et dans les expressions au subjonctif : malgré que j'en aie, malgré qu'il en ait…

Pensez à tous ces moyens d'allègement chaque fois que les conjonctions s'accumulent dans la même phrase ou lorsque vous en rencontrez un trop grand nombre dans l'ensemble du texte.

Attention !

Cependant, comme pour les subordonnées relatives, dans certains cas, vous ne pourrez pas supprimer la conjonction. Cette suppression changerait le sens de la phrase ou introduirait une maladresse d'expression.

1. Impossible de supprimer le « que » car la subordonnée complète le sens de la principale :
Nous pensons que les marchandises ont été brisées au cours du transport.

2. Sens altéré :
Nous désirons que vous vous munissiez de vos papiers d'identité.

→ Nous désirons vous munir de papiers d'identité. (sens altéré par l'allégement)

3. Bizarre (charabia) :
Nous vous signalons qu'il est gênant de proposer un délai de livraison si court.

Nous vous signalons notre gêne de proposer un délai de livraison si court.

Autres techniques d'allégement de la phrase

Évitez les participes présents ou les gérondifs (participes présents précédés de « en ») lorsqu'ils sont en trop grand nombre, surtout en tête de phrase. Les participes présents, surtout multipliés, donnent en effet au style une lourdeur d'ensemble. Employez-les avec parcimonie.

1. Employez à la place du participe présent le même verbe mais conjugué	Un malentendu s'étant produit au sujet de ce règlement, nous vous accordons, en conséquence, un délai supplémentaire. ↳ *Un malentendu **s'est produit** au sujet de ce règlement. Nous vous accordons, en conséquence, un délai supplémentaire.*
2. Employez à la place du participe présent l'infinitif du même verbe	Il le contredit ne comprenant pas vraiment ses arguments. ↳ *Il le contredit **sans comprendre** ses arguments.*

3. Employez à la place du participe présent le participe passé d'un verbe de signification voisine	Nous désirons que vous vous munissiez d'un document portant votre signature. ↳ *Nous désirons que vous vous munissiez d'un document **revêtu** de votre signature.*
4. Employez à la place du participe présent une expression de même sens	Son avocat, présentant des preuves, a prouvé la fausseté des accusations portées contre lui. ↳ *Son avocat, **preuves en main**, a prouvé la fausseté des accusations portées contre lui.*
5. Substituez ayant + participe passé par un participe passé de sens voisin	Ayant appris vos difficultés actuelles, nous acceptons de vous accorder un délai de paiement. ↳ ***Informés** de vos difficultés actuelles, nous acceptons de vous accorder un délai de paiement.*
6. Mettez le complément en tête de phrase	Ayant atteint son objectif, il a accepté de nous parler de son nouveau projet. ↳ ***Son objectif** atteint, il a accepté de nous parler de son nouveau projet.*
7. Évitez « ce qui » et « ce que » très employés à l'oral. Remplacez-les par un nom	Ce qui nous semble intéressant dans ce marché est la possibilité de nous diversifier. ↳ ***L'aspect intéressant** de ce marché est la possibilité de nous diversifier.* Ce que je crains ne se réalisera peut-être pas. ↳ ***Mes craintes** ne se réaliseront peut-être pas.*
8. Évitez les « si » dans le courrier. Il est d'usage de remplacer une phrase commençant par « si » par une expression équivalente plus courte	Si nous ne recevons pas de nouvelles de votre part, nous… ↳ ***Sans nouvelles** de votre part, nous…* Si nous ne recevons pas votre paiement avant le 10 janvier, nous… ↳ ***Faute de paiement** avant le 10 janvier, nous…*

À RETENIR

- Pour proposer une phrase fluide, la suppression de la plupart des « qui » et « que » est un moyen infaillible.

- Il s'agit en fait d'effectuer des remplacements de pronoms relatifs et de conjonctions en utilisant les astuces proposées dans les tableaux de cette fiche.

- Les participes présents, en trop grand nombre, sont également des facteurs de lourdeur. Il s'agit de les repérer et de les remplacer, même si leur emploi est correct.

Mise en pratique fiche 3
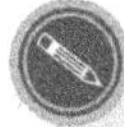
EXERCICE

Allégez les phrases suivantes en utilisant les moyens proposés dans cette fiche :

1. Cet objectif qui est primordial pour notre entreprise doit être réalisé en 5 ans.

2. Les solutions qu'il a trouvées sont l'aboutissement de longues recherches.

3. Il semble qu'il est impossible de sélectionner les marchandises qui doivent être envoyées à l'étranger.

4. Ce qu'il oubliera, dans ce cas précis, ne sera pas grave.

5. Nous estimons que nous portons la responsabilité d'une telle erreur.

6. Nous ne voulons pas envisager l'application de ce projet parce que son coût financier est trop élevé.

7. Ils choisissent d'intervenir dans cette affaire afin que leurs clients se montrent satisfaits.

8. Cette collaboration, qui nous a beaucoup apporté, nous a semblé un élément capital dans la réussite de ce projet.

9. Nous vous rendons responsable du dommage qu'a causé à notre client ce retard.

10. Ces critiques qui sont pertinentes ne peuvent pas changer le cours de mon travail.

11. À notre vif regret, nous ne pouvons vous donner d'informations précises sur cette entreprise qui n'existe que depuis peu de temps.

12. Les craintes qu'il a formulées n'étaient pas fondées.

13. Cette machine qui a toujours été peu entretenue est actuellement en panne.

14. Nous attirons votre attention sur le fait qu'il est nécessaire de très bien préparer ce stage.

15. Ce client offre des garanties qui sont excellentes.

16. Cet événement qui est la cause du changement politique de cette époque n'a pu être oublié par les contemporains.

17. Les critiques qu'il a faites ne sont pas justifiées.

18. Les hommes de loi ont évoqué cette affaire au cours de la réunion qui était alors très avancée.

19. Il ne pouvait vous rencontrer à cette époque puisqu'il est de 20 ans votre cadet.

20. Nous attendrons qu'il revienne de son voyage pour lui poser cette question.

21. Toutes dispositions sont prises pour que nous vous envoyions ces articles à la date prévue.

22. Les personnes qui sont actuellement reçues par le directeur feront prochainement partie du personnel.

23. Ce fait, qui est la preuve d'un changement de stratégie publicitaire de leur part, nous étonne beaucoup.

24. Les recherches qu'il a menées ne l'ont pas conduit à des découvertes extraordinaires.

25. Les matières premières qui sont indispensables nous parviendront sous peu.

26. Cette société qui est le leader du marché a obtenu cette année des résultats très peu concluants.

27. Nous vous renverrons sous peu le colis par notre coursier qui a été abîmé au cours du transport.

28. Je ne me suis pas rendu à l'étranger comme prévu parce que j'avais renoncé à ce marché.

29. Vous nous remettrez ce projet avant qu'il ne soit nommé à ce poste.

30. Nous oublierons volontiers que ses raisonnements antérieurs présentaient des faiblesses.

> Corrigé page 288

ADOPTER UN STYLE PLUS PERSONNEL

La lettre et l'e-mail sont essentiellement des écrits de communication : le message prime la forme. Afin de ne pas dérouter le destinataire, il est primordial d'utiliser, dans la majorité des cas, la structure de la phrase française type de l'oral où le sujet est suivi de son verbe et ensuite de son ou ses compléments. Si nous observons le courrier d'entreprise, nous pouvons remarquer la répétition presque constante de ces constructions dont le rythme monotone est nécessaire, car il ne détourne pas le lecteur du message. Toutefois, quelques procédés simples permettent de se dégager de ce style trop basique et de le rendre plus attrayant. Nous vous les proposons dans cette fiche qui les répertorie pour vous permettre d'accéder rapidement à un style clair, mais d'un contact agréable à la lecture.

Des constructions habituellement très régulières

Tous les écrits professionnels se caractérisent ainsi par une monotonie de ton, engendrée par la répétition de constructions semblables.

SUJET + VERBE + COMPLÉMENT
Nous refusons ce mode de paiement.

ou (légère variante)

SUJET + PRONOM + VERBE + COMPLÉMENT
Nous vous transmettons ces informations.

Cette monotonie est même nécessaire : le lecteur doit se centrer sur message. En littérature, les surprises de construction ou les changements de rythme portent les ressentis, les émotions. Ils forment un tout où le style prend une grande importance.

En situation professionnelle, le sens est premier, le style ne doit pas nous en détourner comme dans le texte suivant :

« Avec les beaux jours reviennent les forains. D'où sortent-ils, on ne sait, mais d'ici ils s'en vont à Bar. Les roulottes arrivent sur la grand-place, et s'échelonnent, par le boulevard. Drôles de maisons peintes, qui s'entourent, à peine dételées, de ficelles tendues où pend le linge des acrobates et des dompteurs, dont les volets s'ouvrent sur des pots de fleurs et des femmes à tignasse, des hommes bruns en maillots, et des enfants bizarres et sournois. »
ARAGON

... reviennent les forains/où pend le linge...

↳ Sujets inversés
D'où sortent-ils ?
↳ Phrase interrogative
Drôles de maisons peintes
↳ Adjectif en tête de phrase

En rédaction professionnelle, il faut donc privilégier une structure de phrase qui, parce qu'elle est la structure de base de notre langue, est toujours compréhensible par tous :

Nous avons pris *les dispositions utiles afin de mettre en fabrication les meubles commandés.*

↳ Sujets et verbes en début de proposition

Rendre son style moins monotone

Nous admettons que le style professionnel soit simple et relativement monotone, l'effet recherché étant la parfaite compréhension du message par n'importe quel lecteur. Cependant, il est possible d'utiliser quelques procédés qui, sans rompre un rythme, facteur de clarté, vont agrémenter l'ensemble du texte.

Insérez un adjectif en tête de phrase

Intéressés *par ce produit, nous souhaiterions en recevoir la documentation complète.*

Adjectif ou participe passé employé comme adjectif + SUJET + VERBE + COMPLÉMENT

Par ce procédé, l'idée d'intérêt est davantage mise en valeur.

Mettez un complément en tête de phrase

Ce jour, *nous apprenons la perte de ce colis.*
Le 2 septembre dernier, *nous avons mandaté un expert.*
Dans cette attente, *nous maintenons nos réserves.*
À notre vif regret, *nous ne pouvons vous fournir de plus amples précisions.*
COMPLÉMENT+ SUJET + VERBE + COMPLÉMENT

Placez une phrase à l'infinitif en tête de phrase

Afin de nous permettre de fixer votre choix, *nous vous prions de vous reporter à notre brochure illustrée.*
PHRASE À L'INFINITIF + SUJET + VERBE + COMPLÉMENT

Utilisez parfois une phrase impersonnelle

Il nous serait très agréable de satisfaire un ordre éventuel.

La forme impersonnelle débute par le pronom « il » qui ne représente personne. Ce type de construction permet de neutraliser le message émis.

Employez la voix passive

Une erreur a été commise.

Cette forme permet de ne nommer personne en particulier. En effet, à la voix passive, le sujet ne fait pas l'action exprimée par le verbe. Le complément d'objet direct de la voix active est en fait devenu SUJET du verbe passif :

(Voix active) *Mme Martin a commis une erreur.*
(Voix passive) *Une erreur a été commise.*

La voix passive est très utile dans le langage professionnel, car elle permet de ne pas fournir trop d'explications : nous avons évité ci-dessus de nommer, dans le second exemple, la personne qui a commis l'erreur.

Vous constaterez que vous employez parfois spontanément les constructions ci-dessus quand la logique du raisonnement vous contraint à mettre en valeur un élément :
Ayant enregistré le rejet de ces réserves, je vous mets en demeure de fournir la preuve que l'avarie constatée résulte d'un fait dégageant votre responsabilité.

Il n'aurait pas été logique d'écrire :
Je vous mets en demeure de fournir la preuve que l'avarie constatée résulte d'un fait dégageant votre responsabilité, **ayant enregistré le rejet de ces réserves**.

Par ailleurs, vous noterez que des procédés plus originaux, fréquents en littérature, comme l'inversion complète de la phrase, ne pourraient pas être utilisés lors de la rédaction du courrier : Des usines arrivent les représentants… Or, en littérature, où la variété des tours de style apporte des nuances à la pensée, ce type de construction inversée est fréquent :
« Et voilà que m'arrive la faramineuse aventure qu'ont relatée certains sages du taoïsme… » (Simone de Beauvoir)

Utiliser des mots de liaison pour renforcer la cohérence

Dans de nombreux cas, il est donc difficile, en langage professionnel, de s'éloigner de la structure traditionnelle SUJET + VERBE + COMPLÉMENT sans nuire à la clarté.
Toutefois, l'impression déplaisante de répétitions : « Nous……… Nous………… Nous………… » peut facilement être évitée à l'aide de mots de liaison. Tout en renforçant les liens logiques, ils présentent également l'avantage d'en interrompre la monotonie visuelle.

Comparez les deux lettres suivantes :

Madame, Monsieur,

Nous accusons réception de votre commande n° 6754 du 11 mars dernier. Nous devons vous la retourner, car celle-ci présente des imprécisions.

Nous vous demandons, à l'aide du catalogue ci-joint, de nous préciser les références exactes des articles que vous désirez commander.

Nous vous signalons également que, spécialistes de la vente directe, nous ne possédons pas de tarifs établis pour des revendeurs.

Dans l'attente de vos instructions, nous vous prions d'agréer, Madame, Monsieur, nos salutations distinguées.

Sans mots de liaison

Madame, Monsieur,

Nous accusons réception de votre commande n° 6754 du 11 mars dernier. *Cependant,* nous devons vous la retourner, car celle-ci présente des imprécisions.

À l'aide du catalogue ci-joint, nous vous demandons par conséquent de nous indiquer les références exactes des articles que vous désirez commander.

Par ailleurs, nous vous signalons également que, spécialistes de la vente directe, nous ne possédons pas de tarifs établis pour des revendeurs.

Dans l'attente de vos instructions, nous vous prions d'agréer, Madame, Monsieur, nos salutations distinguées.

Avec liaisons

La seconde lettre traite du même sujet, mais elle est plus agréable à lire grâce à une différence de construction et à l'utilisation de mots de liaison. Pensez à employer ces procédés d'amélioration du style.

À RETENIR

- Variez votre style en utilisant une des constructions suivantes :

  – un adjectif + SUJET + VERBE + COMPLÉMENT,

  – un complément + SUJET + VERBE + COMPLÉMENT,

  – une phrase à l'infinitif + SUJET + VERBE + COMPLÉMENT,

  – une phrase impersonnelle – Sujet « IL » + VERBE + COMPLÉMENT,

  – une phrase à la voix passive – SUJET PASSIF + VERBE.

- Pensez à utiliser fréquemment des mots de liaison pour renforcer la cohérence.

Mise en pratique fiche 4

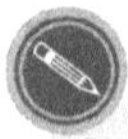

EXERCICE

Variez les phrases suivantes en utilisant d'autres types de construction. Remarquez les nuances que peuvent apporter ces changements :

1. Nous vous prions de vous reporter à notre catalogue afin de vous permettre de fixer votre choix.

2. Nous sommes décidés à faire usage des dispositions prévues, car nous sommes très surpris d'être restés sans réponse à ce sujet.

3. M. Vasseur n'a pu éviter que l'avant gauche du camion ne heurte la barrière malgré un freinage énergique.

4. Nous vous avons fait parvenir cette commande le 29 avril dernier.

5. Nous nous sommes efforcés de retarder le plus possible toute augmentation des prix afin de sauvegarder les intérêts de nos clients.

6. Ces caisses ont subi des détériorations par suite de leur contact avec des éléments liquides.

7. Nous ne pouvons, à notre vif regret, vous donner d'informations plus précises.

8. J'ai fait des promesses formelles à de nombreux clients en me fondant sur la date de livraison annoncée sur votre facture.

9. Nous étions convenus que vous nous accorderiez un escompte de 2 % lors de notre entretien.

10. Je vous adresse, sous ce pli, les documents suivants.

Corrigé page 290

CHOISIR LE TON JUSTE

Le courrier est essentiellement porteur d'un message dont le ton doit être neutre pour développer une communication performante. Le ton de tous les écrits professionnels est pourtant essentiellement uniforme, sorte de «voie du milieu» qui se distingue des expressions trop affectives comme «hélas», «malheureusement» ou des manifestations de colère. Or, il n'est pas toujours aisé de rédiger avec un ton neutre quand le rédacteur possède sa propre individualité, faite de chaleur ou d'agressivité, de spontanéité ou de réserve.

Grâce aux moyens proposés dans cette fiche, vous pourrez vous entraîner à rejeter les expressions trop personnelles et assouplir le ton général de vos écrits. Cependant, certains écrits réclament ponctuellement un ton sec (réclamations…). En effet, croire, après lecture de cette fiche, que toutes les lettres ou e-mails doivent offrir un ton très modéré serait erroné. Notre objectif est seulement de vous aider à contrôler votre ton quand vous le jugerez utile.

Assouplir un ton trop sec à l'aide de procédés stylistiques

Nuancez vos phrases avec l'incidente

Placez au sein de la phrase une proposition ou un groupe de mots entre virgules, c'est-à-dire une incidente. Vous imprégnerez ainsi la phrase d'un ton plus personnel, proche du dialogue.

L'incidente est le procédé de style qui introduit dans la phrase un peu de chaleur humaine. Ce procédé, habituel dans le langage parlé, est pourtant souvent négligé à l'écrit. En effet, quand on suit son raisonnement, l'idée de couper la phrase ne vient pas spontanément :

> *Votre retard de paiement, **nous en sommes certains**, est dû à un oubli de votre part.*
> *La livraison, **comme convenu**, sera effectuée le 10 avril prochain.*
> *Cette requête, **je l'espère**, obtiendra un accueil favorable auprès de notre direction.*
> *Nous avons, **à notre grand regret**, été contraints à cette démarche.*

Pour mettre en application ce conseil, vous pouvez utiliser les suggestions d'incidentes suivantes :

Transmettre un espoir

> *…, nous le souhaitons,…* *…, comme nous le souhaitons,…*
> *…, nous l'espérons,…* *…, comme nous l'espérons,…*

Transmettre son étonnement, son regret

> *…, nous le regrettons,…* *…, nous le déplorons,…*
> *…, nous en sommes très surpris,…* *…, à notre grand regret,…*
> *…, à notre vif regret,…*

Exprimer une constatation

> *…, comme vous le constaterez,* *…, comme vous le remarquerez,…*
> *…, comme vous le comprendrez,* *…, comme vous le verrez,…*
> *…, comme vous le savez,* *…, vous en conviendrez,…*

Exprimer une certitude

> *…, nous en sommes certains…* *…., nous en sommes persuadés,…*
> *…, nous en sommes sûrs,…* *…, nous en sommes convaincus,…*
> *…, vous le comprendrez aisément,…*

Vous pouvez ainsi créer un grand nombre d'incidentes pour personnaliser vos écrits.

Suggérez grâce au conditionnel

Ce mode de conjugaison permet de transmettre la condition exprimée ou sous-entendue et donc la politesse. En effet, quand nous souhaitons être déférents, nous devons laisser l'interlocuteur complètement libre d'accepter ou de refuser ce que nous lui proposons :

Nous désirerions vous rencontrer.

(Cette personne peut accepter ou refuser l'invitation.)

Les temps du conditionnel utilisés dans la langue professionnelle

Conditionnel présent	Conditionnel passé 1re forme	
Je souhaiterais	Je serais venu	J'aurais admis
Tu souhaiterais	Tu serais venu	Tu aurais admis
Il souhaiterait	Il serait venu	Il aurait admis
Nous souhaiterions	Nous serions venus	Nous aurions admis
Vous souhaiteriez	Vous seriez venus	Vous auriez admis
Ils souhaiteraient	Ils seraient venus	Ils auraient admis

*La langue professionnelle n'utilise toutefois que deux temps du conditionnel. Le troisième temps (le conditionnel passé 2e forme) est en effet ressenti comme trop recherché (**nous eussions admis**).*

Employez ces deux temps du conditionnel chaque fois que vous désirez vous exprimer avec souplesse, politesse, voire déférence. Vous choisirez alors d'introduire des verbes, reflets d'une impression personnelle comme : souhaiter, regretter…

*Nous **souhaiterions** vous transmettre très rapidement ces nouvelles informations.*
*Nous **regretterions** de manifester une trop grande rigidité dans cette affaire.*

Vous pouvez aussi utiliser le conditionnel pour assouplir des propos un peu trop secs.

Comparez :

*Nous **n'admettrons** pas de voir ces nouveaux procédés rejetés par l'ensemble du personnel.*
↳ **futur**
*Nous **n'admettrions** pas de voir ces nouveaux procédés rejetés par l'ensemble du personnel.*
↳ **conditionnel**

Le conditionnel permet également d'envisager des possibilités, sans entrer trop avant dans la réalité concrète, souvent plus brutale.

Comparez :

*Il ne **sera** sans doute pas en mesure de vous répondre.*
↳ **futur**
*Il ne **serait** sans doute pas en mesure de vous répondre.*
↳ **conditionnel**

Pour toutes ces raisons, le conditionnel est fréquemment utilisé en fin de texte pour adoucir un message.

Atténuez votre ton par un adverbe

Les adverbes permettent, dans certains cas, de nuancer des affirmations qui pourraient être perçues comme trop impératives : l'adverbe « adoucit » le mot de sens fort.

Comparez les deux phrases :

Nous n'envisageons pas un tel remaniement du service.
*Nous n'envisageons pas **volontiers** un tel remaniement du service.*

Voici quelques adverbes qui vous offriront la possibilité d'être plus souples lors de vos affirmations et d'apporter des nuances :

beaucoup	*Nous n'avons pas **beaucoup** apprécié une telle intervention.*
infiniment	*Nous regrettons **infiniment** d'être obligés de clore cet entretien.*
parfois	*Nous sommes **parfois** en désaccord.*
peut-être	*Vous n'avez **peut-être** pas compris ce point.*

probablement	*Vous avez **probablement** raison.*
tout à fait	*Nous ne sommes pas **tout à fait** de cet avis.*
volontiers	*Je n'admets pas **volontiers** cette attitude.*

Rendez vos affirmations plus neutres

La forme impersonnelle se caractérise par l'emploi du pronom **IL** qui, contrairement à un pronom personnel, ne représente rien ni personne.

Comparez les deux phrases :

Vous vous êtes trompés sur ce point.
***Il semble** que vous vous êtes trompés sur ce point.*

Cette forme permet donc de présenter de manière moins abrupte certains faits. Voici une brève liste de formes impersonnelles utilisées lors d'échanges écrits :

il semble…, il est possible…, il est à craindre…, il est vraisemblable…, il ne nous est pas possible…, il en résulte…, il est de votre intérêt…, il s'agit sans doute…, il vous paraîtra…, il faut…, il est rappelé…

Ne l'utilisez qu'une fois par message. Quand on abuse de l'emploi de la forme impersonnelle, le texte peut devenir trop neutre, trop imprécis.

Veillez à ne nommer personne lors de moments délicats

La voix passive permet de ne pas nommer la ou les personnes responsables de l'action exprimée par le verbe. En effet, à la voix passive, le sujet ne fait pas l'action mais la subit. C'est donc une forme fréquemment utilisée en langage professionnel lors de moments délicats.

Complémentaire de la forme impersonnelle, il ne faut pas l'utiliser trop souvent. C'est un procédé relativement lourd, mais qui présente l'avantage de n'engager personne en particulier. La lettre ou l'e-mail deviennent alors l'écrit d'une collectivité dont les responsabilités sont partagées.

Comparez les deux phrases :

*Le service Expéditions **a égaré** ce colis. (Voix active)*
*Ce colis **a été égaré** au cours du transport. (Voix passive)*

La voix passive et la forme impersonnelle ne doivent être utilisées que très modérément.

Suggérez des idées par la forme interrogative

En employant la forme interrogative, vous pouvez demander quelque chose à quelqu'un sans prendre le ton désagréable de l'ordre. Libre à lui, en apparence, de refuser ce qui lui est demandé.

Les verbes « pouvoir » et « vouloir » sont très souvent utilisés lors de ce type d'interrogation.

Comparez les deux phrases :

Je désire ces renseignements le plus rapidement possible.
***Pouvez-vous** me faire parvenir ces renseignements le plus rapidement possible ?*
Nous souhaitons obtenir la dernière revue de presse.
***Voulez-vous** nous communiquer la dernière revue de presse ?*

Positivez grâce au vocabulaire

Certains mots négatifs sont à bannir de vos écrits. Remplacez-les plutôt par des mots de sens positif en leur adjoignant une négation :

Comparez :

*Vos calculs semblent **faux**. (Mot négatif)*
*Vos calculs ne semblent pas **exacts**. (Mot positif)*

Les mots, dont le sens négatif est fort, sont à rejeter. De ton modéré, le courrier n'accepte qu'un vocabulaire nuancé.

Comparez les deux phrases :

*Il a **échoué** dans son entreprise et fait **faillite**.*
Il a rencontré de nombreuses difficultés qui l'ont finalement conduit au dépôt de bilan.

Nuancez encore plus…

Il vous sera aisé de nuancer davantage vos écrits en employant deux ou trois de ces moyens dans la même phrase :

Pourriez-vous accepter de remettre cette échéance au 7 mars prochain ?
↳ **Conditionnel + forme interrogative**

Il semblerait qu'un changement de politique financière serait souhaitable.
↳ **Conditionnel + forme impersonnelle**

Avez-vous vraiment compris notre objectif ?
↳ **Forme interrogative + adverbe**

Accepteriez-vous, comme nous le souhaitons, que cette collaboration soit permanente ?
↳ **Conditionnel + forme interrogative + incidente**

Des modifications aussi importances auraient-elles été appliquées ?
↳ **Voix passive + conditionnel + forme interrogative, etc.**

Modulez votre ton

Les nuances de ton sont très étroites dans le langage professionnel. Sur l'éventail de tons possibles, la colère en est le moment d'expression le plus fort mais elle est transmise dans ce langage sur le simple ton de l'irritation :

Ton faible (colère sous-jacente)

*Nous sommes **surpris** de constater…, Nous **vous exprimons** notre étonnement au sujet de…, Nous **présumons** que vous n'avez pas envisagé…*

Ton fort

*Nous serions en mesure **d'intenter…**, Nous **intenterons** alors contre vous…, Nous **exigeons**…*

Ensuite, au centre de l'éventail de tons possibles, un grand nombre de faits sont traités de manière neutre. Il s'agit en effet de transmettre des messages factuels.

> *Les verbes qui permettent de passer de la colère à l'amabilité n'offrent entre eux que de faibles nuances à l'écrit : le ton général est d'une extrême modération apparente.*

L'amabilité est quant à elle réservée aux moments très commerciaux ou très sensibles quand le rédacteur est en tort par exemple. Dans ses écrits professionnels, il faut en effet toujours manifester beaucoup de retenue :

Ton faible

Nous vous invitons…, Nous nous permettons d'attirer votre attention…, Nous espérons que…

Ton fort

Nous sollicitons…, Nous nous empressons de…, Nous souhaiterions…, Nous vous serions très reconnaissants…

Un ton trop affectif est également à bannir. Les mots traduisant des sentiments trop intenses sont rejetés : *chagriné, content, ému, touché, très affecté, malheureusement…*

> *Le langage parlé n'est également pas de mise dans ce type d'écrit. N'écrivez pas :*
> J'espère que cela **s'arrangera** au mieux.
> Nous ne sommes **pour rien** dans cette affaire.

À RETENIR

- Utilisez les éléments qui permettent de nuancer le ton :

  - L'incidente

    *Vous aurez, **nous le souhaitons**, admis cette hypothèse.*

  - Le conditionnel

    *Nous **aurions craint** de vous importuner en vous transmettant nos impressions à ce sujet.*

  - L'adverbe d'apaisement

    *Vous n'avez **peut-être** pas touché l'ensemble de votre clientèle.*

  - La forme impersonnelle

    *Il **en résulte** une baisse sensible de notre production.*

  - La voix passive

    *Ces modifications **ont été effectuées** ce jour.*

  - La forme interrogative

    ***Pouvez-vous** nous faire parvenir ces documents dans les plus brefs délais ?*

  - Le choix du vocabulaire

    *Il n'a pas rencontré de **succès** dans cette affaire.*

Mise en pratique fiche 5

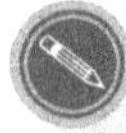

EXERCICE

Donnez aux lettres suivantes un ton plus professionnel :

1) Madame, Monsieur,

Ayant passé commande de 500 articles, référence 786 Y, le 25 novembre dernier, nous sommes très en colère de n'avoir toujours rien reçu à ce jour.

Ce retard est, nous en sommes sûrs, dû à une erreur d'enregistrement de vos services.

Si vous ne nous livrez pas ces articles sous 48 heures, nous nous verrons dans l'obligation, c'est certain, de nous adresser à un nouveau fournisseur.

Veuillez agréer, Madame, Monsieur, nos salutations distinguées.

2) Madame, Monsieur,

Nous faisons suite à votre lettre du 25 février dernier concernant les annulations des commandes de lingerie et tricot, références 480 et 583 B.

C'est avec stupéfaction qu'il nous faut constater que certaines décisions sont prises avec beaucoup de légèreté par certains clients. En effet, lorsque la commande est passée, le fabricant est obligé de faire confiance au client et met donc sa marchandise en production selon le choix de celui-ci.

Or, quand il arrive que, sans que nous en connaissions les raisons, le client annule ses commandes en cours de livraison, ce fait nous paraît arbitraire et excessif. Cela ne correspond pas à la façon dont nous souhaitons travailler.

En conséquence, nous vous demandons de bien vouloir réviser votre position, faute de quoi nos rapports en seront fortement compromis.

Nous vous prions d'agréer, Madame, Monsieur, nos salutations distinguées.

Corrigé page 291

LIER SES IDÉES

Les mots de liaison permettent de nuancer la pensée et de relier des idées de registres souvent différents. Pourtant, les rédacteurs ont tendance soit à toujours utiliser les mêmes mots de liaison, soit à les négliger. Certains d'entre eux ont une véritable prédilection pour un mot de liaison et en abusent. D'autres les ignorent et leurs écrits n'en possèdent aucun : ils passent d'une idée à l'autre sans aucune transition. La facilité de lecture et de compréhension qu'offrent les mots de liaison est supprimée. C'est alors au lecteur d'établir lui-même, par un effort de réflexion, le lien entre les idées car, sans mots de liaison, le texte ressemble à une prise de notes et peut générer des incohérences ou incompréhensions.

N'ÉCRIVEZ PAS	ÉCRIVEZ
Nous regrettons de vous annoncer qu'en raison d'une grève dans notre secteur de production, il ne nous sera pas possible de vous livrer les articles commandés dans les délais prévus.	*Nous regrettons de vous annoncer qu'en raison d'une grève dans notre secteur de production, il ne nous sera pas possible de vous livrer les articles commandés dans les délais prévus.*
Les matières premières nécessaires à leur fabrication ne nous seront livrées que la semaine prochaine.	***En effet**, les matières premières nécessaires à leur fabrication ne nous seront livrées que la semaine prochaine.*
Nous avons le regret de les remplacer par les articles suivants :...	***Toutefois**, afin de vous satisfaire, nous vous proposons de les remplacer par les articles suivants :...*

Nous vous proposons ci-après une liste non exhaustive des mots de liaison. Celle-ci doit vous offrir la possibilité de renforcer le déroulement logique de vos lettres.

Renforcer la logique de vos lettres, e-mails et e-lettres

Les mots de liaison suivants sont classés par objectifs :

POUR EXPLIQUER	POUR PRÉCISER
car c'est-à-dire c'est pourquoi en effet	en ce qui concerne en d'autres termes en ce sens au cas où en fait quant à de ce fait
POUR AJOUTER	**POUR ARGUMENTER**
aussi de plus par ailleurs en outre d'une part, d'autre part et même voire	or par contre en revanche au contraire pour cette raison
POUR INSÉRER UN EXEMPLE	**POUR EXPRIMER UNE RESTRICTION**
ainsi par exemple notamment	cependant mais néanmoins pourtant toutefois hormis
POUR EXPRIMER UNE CONSÉQUENCE	**POUR CONCLURE**
donc par conséquent en conséquence	en définitive enfin pour toutes ces raisons

Approfondir le sens des mots de liaison

Pour mieux expliquer

Car

Car est inséré au milieu de la phrase et sert à en justifier la première partie. Ce mot de liaison permet de mettre en relief un jugement ou une idée.

Il ne faut pas envoyer votre relevé d'heures après le 20 de chaque mois car le service comptable clôture ses paiements le 21.

C'est-à-dire

C'est-à-dire permet de préciser un aspect de la pensée. Ce mot de liaison alourdit souvent une phrase. Il est préférable d'utiliser à sa place les deux points.

Nous vous autorisons à payer en deux fractions égales, c'est-à-dire l'une fin novembre, l'autre fin décembre.
↳ Nous vous autorisons à payer en deux fractions égales : l'une fin novembre, l'autre fin décembre.

C'est pourquoi

C'est pourquoi introduit une explication. Il permet aussi de montrer la conséquence de l'action ou du fait précédemment cité.

Les difficultés de livraison devenaient trop importantes, c'est pourquoi les commerçants se sont associés pour avoir leur propre transporteur.

En effet

En effet souligne la véracité de l'énoncé qui précède.

Nous sommes assujettis au blocage des matières premières dans le port de Sète depuis un mois. Il nous est, en effet, difficile dans ces circonstances de vous garantir un délai de livraison (renforcement de l'idée de difficulté).

Il sert, dans la plupart des cas, à introduire une explication.

Dès la réception de votre lettre, nous avons écrit au transporteur de Périgueux. En effet, nous lui avions remis les articles depuis déjà huit jours (explication).

Pour ajouter une idée

Tous les mots de liaison suivants offrent la possibilité d'ajouter un élément à l'argumentation, l'explication ou l'information.

Aussi

Aussi marque un rapport de conséquence avec la proposition qui précède.

> *Il nous reste quelques articles disponibles. Aussi, nous vous proposons l'expédition immédiate du dernier catalogue afin que vous arrêtiez votre choix sur un autre article.*

De plus

De plus introduit généralement le premier élément de l'addition.

> *Nous avons constaté une erreur de facturation. De plus, il ne nous est pas possible d'accepter les conditions proposées.*

En outre

En outre permet d'introduire de manière plus recherchée une accumulation de faits et signifie « de plus », « en plus de cela ».

> *Cette erreur est très regrettable et me porte préjudice. En outre, vous m'imputez les frais de transport, et ce n'est pas admissible.*

Par ailleurs

Par ailleurs montre un nouvel aspect des choses.

> *Nous avons une bibliothèque à la disposition des clients. Par ailleurs, nous possédons une documentation complète sur les derniers ouvrages parus.*

D'une part/d'autre part

D'une part/d'autre part introduit l'utilisation de deux arguments successifs et souvent d'une alternative :

> *L'abandon de ce modèle nous paraît très regrettable. D'une part, notre clientèle est très exigeante, d'autre part, les coloris de ces meubles étaient très appréciés.*

> **Attention !**
> Ne pas confondre : « Par ailleurs » et « D'autre part ». Ce ne sont pas des synonymes.
> « Par ailleurs » permet de passer d'un sujet à un autre très diffé-rent. « D'autre part » introduit une alternative, généralement après « D'une part », liaison exprimée ou sous-entendue.

Et même/voire

Et même/voire permettent de renforcer une affirmation de manière forte :

Cette dernière nouvelle a perturbé le fonctionnement des services, voire (et même) interrompu la production dans certains secteurs.

« Voire même » est un pléonasme. On utilise soit l'un, soit l'autre.

Pour insérer un exemple

Les mots suivants permettent d'illustrer une idée, de confirmer ou d'expliquer un fait. Ils servent à recentrer l'attention du lecteur sur une idée précédemment citée ou sous-entendue. Il est à noter que ces mots de liaison sont synonymes.

Notamment

Un récépissé nous apprend notamment que l'expédition envoyée le lundi ne lui est parvenue que le vendredi.

Ainsi

Les commandes nous parviennent en mauvais état depuis un mois. Ainsi, la commande du 8 décembre contenait-elle dix assiettes ébréchées.

Par exemple

Nous vous proposons un choix intéressant. Le dernier modèle, par exemple, est livré avec un système de dégivrage.

Pour bien préciser sa pensée

En ce qui concerne

En ce qui concerne signifie «au sujet de...» et précise l'énoncé précédent.

En ce qui concerne le complément de notre ordre, vous voudrez bien en faire l'envoi en une seule fois.

Quant à (au) (aux)

Quant à (au) possède le même sens que l'expression «en ce qui concerne» et renvoie à un mot précédent. Des deux mots de liaison, il est cependant le plus léger stylistiquement.

Quant au complément de notre ordre, vous voudrez bien en faire l'envoi en une seule fois.

Au cas où

Au cas où s'emploie pour souligner une éventualité.

Au cas où cette formule ne retiendrait pas votre attention, il faudrait vous adresser à notre service commercial.

En ce sens

En ce sens apporte une précision à l'idée précédemment émise.

Nous vous rappelons que votre service est le seul habilité à prendre des décisions à ce sujet. En ce sens, nous avons établi un document à votre intention.

En d'autres termes

En d'autres termes reformule une idée précédemment émise.

En d'autres termes, vous devriez pouvoir travailler en collaboration avec le département Vente afin de sensibiliser les entreprises au problème de l'emploi.

En fait

En fait permet de faire référence en synthèse aux idées précédemment émises.

> *En fait, tous ces textes deviennent caducs par les dérogations apportées.*

Pour argumenter avec dextérité

Or

Or est le lien logique de l'argumentation. Ce mot de liaison met en relief la relation existant entre deux faits. Il peut souligner leurs contradictions. Il peut aussi introduire un argument ou une objection.

> *Notre client aurait dû recevoir cette marchandise, il y a quinze jours. Or, il vient de nous envoyer une lettre de réclamation pour nous en signaler la non-réception à ce jour.*

 *Ne pas confondre « or » et « hors », second terme qui signifie à « l'extérieur de ».*

Par contre

Par contre est considéré comme une locution de langage parlé relâché par certains grammairiens. Il marque une idée d'opposition aux idées précédemment énoncées.

> *Il ne nous est pas possible d'organiser une permanence dans tous les services. Par contre, le service des urgences est assuré.*

En revanche

En revanche signifie : en compensation, au contraire. Ce mot de liaison est préféré par les puristes à « par contre ».

> *Trop de règlements intérieurs sont désobligeants. En revanche, rares sont ceux qui se montrent soucieux de la dignité des personnes.*

Au contraire

Au contraire met en relief l'opposition avec la première idée émise.

Certains estiment qu'ils paient suffisamment de charges. D'autres, au contraire, semblent satisfaits de leur condition.

Par contre/En revanche

Les Français sont divisés en deux camps : celui des « par contre », et celui des « en revanche ». L'expression « par contre » est depuis longtemps critiquée par les puristes qui la considèrent comme un marqueur social, car Voltaire a dit préférer « en revanche ». André Gide a défendu quant à lui « par contre ».

Aujourd'hui, la position à ce sujet peut être la suivante : on peut dire « par contre » lors d'une opposition nette entre deux idées, l'une étant le contraire de l'autre :
Ce directeur se montre généralement très directif en réunion. **Par contre**, il est très nuancé lors d'échanges individuels.

On emploie « en revanche » quand il n'y a aucune opposition entre deux idées :
Ce document est très utile pour permettre aux chefs de service de comprendre la procédure à suivre. **En revanche**, c'est un document confidentiel à ne pas mettre en toutes les mains.

Pour nuancer ses propos

Dans les accords commerciaux, des réserves sont souvent émises. Les mots de liaison permettent de refuser une demande, sans risquer de blesser le client ou le fournisseur. Ils offrent donc la possibilité de nuancer la décision prise.

Cependant

Cependant permet de refuser. Il laisse souvent entrevoir une possibilité ou une concession. Ce mot de liaison est très utile pour nuancer la pensée.

> *Votre candidature n'a pu être retenue pour le poste à pourvoir.*
> *Cependant, nous conservons vos coordonnées dans le but de prendre*
> *contact avec vous si un emploi de ce type était vacant prochainement.*

Mais

Mais peut jouer plusieurs rôles, celui de l'opposition ou celui du renforcement.

> *Nous comprenons votre problème financier, mais nous ne pouvons*
> *vous accorder un délai de paiement (opposition).*
> *Nous ne sommes pas nombreux, mais nous sommes très efficaces*
> *dans ce type de travail (renforcement).*

Néanmoins

Néanmoins apporte une restriction à la pensée ou au fait précédemment cité.

> *Je vous ai présenté notre position. Néanmoins, je vous demande de*
> *considérer ces renseignements comme confidentiels.*

Toutefois

Toutefois annonce une restriction. Celle-ci peut être positive ou négative. Ce mot de liaison (comme « cependant ») est très utile pour nuancer la pensée.

> *Toutefois, nous aimerions préciser divers points pour lesquels nous*
> *vous demanderons votre accord.*

Pourtant

Pourtant marque l'opposition entre deux faits ou deux aspects contradictoires d'un même fait.

> *Les fêtes de Noël ont perturbé nos livraisons ; nous pensions pourtant*
> *respecter les délais de livraison.*

Hormis

Hormis signifie « à l'exception de ».

Ils étudient beaucoup hormis deux ou trois stagiaires qui ne manifestent que très peu de sérieux.

Les expressions « cependant », « néanmoins », « toutefois » sont utilisées comme synonymes.
L'expression « pourtant » apporte quant à elle une nuance positive. N'oubliez pas le « s » à « hormis ». Ne le confondez pas avec « parmi » qui n'a pas de « s ».

Pour raisonner avec logique

Donc

Donc termine souvent une démonstration. Ce mot de liaison établit un rapport de déduction et amène la conclusion de ce qui précède.

Notre fournisseur avait pris la précaution de porter la mention « fragile » sur le colis. Sa responsabilité n'est donc pas engagée.

En conséquence

En conséquence est très utilisé dans la correspondance et dans tout message porteur d'informations.

Nous vous informons que nos locaux seront transférés le 19 mai prochain. En conséquence, nous vous demandons de bien vouloir établir un avenant à notre police.

Par conséquent

Par conséquent peut être plus subtil que « donc » lors d'une argumentation. En revanche, il peut être perçu comme un terme impératif dans un courrier de relance.

Par conséquent, je vous demande de bien vouloir exécuter ma commande dans les meilleurs délais.

Pour conclure

Enfin

Enfin est souvent utilisé dans les rapports. Il marque la conclusion des idées émises après l'énoncé d'arguments successifs.

Enfin, je suis dans l'impossibilité de créer un nouveau poste.

Pour toutes ces raisons

Cette liaison montre que la conclusion est liée à la démonstration présentée au-dessus du texte.

Pour toutes ces raisons, nous avons le regret de vous refuser cette indemnité.

À RETENIR

- Les mots de liaison sont les rouages de toute argumentation, démonstration, explication. Ils sont le lien logique sur lequel s'appuie le raisonnement. Ne les négligez pas !

- Ne jamais utiliser le même mot de liaison dans une lettre, e-mail ou e-lettre.

- Pour les mémoriser, servez-vous quand vous rédigez de la liste de la page 65. En peu de temps, vous choisirez le mot de liaison le plus adapté à vos écrits.

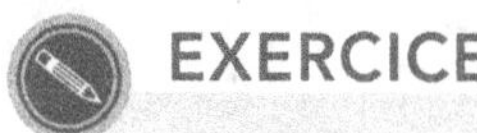 Mise en pratique fiche 6

EXERCICE

Remplacez les pointillés par un mot liaison adapté à la situation :

au cas où   donc   néanmoins

au contraire   en ce qui concerne, quant à   or

aussi   en conséquence   par ailleurs,

c'est pourquoi   en d'autres termes   par conséquent

c'est-à-dire   en effet   pour cette raison

car   en fait   pour toutes ces

cependant   en outre   raisons

d'ailleurs   en revanche   pourtant

d'une part,   mais   toutefois

d'autre part   voire

1. Les établissements « X » ne sont pas fabricants. ...., pour les établissements « W », la fabrication est primordiale.

2. Vous réglerez votre facture selon les conditions habituelles, ...à 30 jours fin de mois.

3. Il n'est pas venu à la réunion du conseil d'administration. .... la direction lui demande d'en lire rapidement le compte rendu afin qu'il puisse donner son avis.

4. Le règlement intérieur de la société stipule,..................., que les licenciements doivent s'effectuer en fonction de l'ancienneté.

5. Le directeur du personnel désirerait nous rencontrer................. la modification organisationnelle des services nous concerne.

6. Au moment de votre départ, vous aurez droit à une indemnité. Il vous sera remis....... un certificat de travail mentionnant votre qualification.

7. Notre entreprise intervient dans le domaine de la chimie. .... recherchons-nous les germes des maladies contenus dans l'eau.

8. J'occupe.................. les fonctions de responsable administratif et..................les fonctions de contrôleur technique.

9. Nous devons.................. appeler votre attention sur l'action en cours.

10. Si la lettre souligne son désir,..................son impatience, de recevoir une augmentation, elle ne devra en aucun cas mettre en relief l'argument de l'accroissement du coût de la vie.

11. ....ces requêtes ne nous permettraient pas d'établir les véritables motivations de leurs actions, nous n'hésiterons pas à consulter un cabinet conseil.

12. ...., cette interruption de mon travail correspond à une intervention chirurgicale.

13. Je vous ai expliqué la difficulté que rencontrait actuellement notre entreprise. Je ne peux...... vous accorder cette augmentation.

14. .... la date de livraison, nous souhaiterions que la marchandise nous parvienne avant le 8 mai prochain.

15. Ces petits pots ne convenaient pas à tous les enfants. ...., cette marque, ne contenant pas de protéines de lait, s'adapte à tous.

16. Ce type de compte a un taux d'intérêt élevé. ...., le déposant ne peut effectuer de retrait avant l'échéance fixée.

17. Par lettre du 5 février dernier, je vous avais commandé cinq classeurs pour le 1er avril prochain...................., sans aucun avertissement de votre part, la livraison ne m'est parvenue que le 2 mai.

18. Je prends note de mon licenciement,..................je ne peux accepter le montant des indemnités proposées.

19. Nous pensons que vous êtes responsables de cette erreur. ...., pour vous prouver notre bonne volonté, nous consentirons à vous accorder un escompte de.......

20. Cette remarque avait été................. faite à vos services lors de notre entretien téléphonique.

21. Malgré les difficultés rencontrées, nous n'avons................., à aucun moment, oublié notre engagement.

22. Les articles que vous m'avez expédiés ne correspondent pas à ma commande. ...., en contrepartie d'une remise, je serais disposé à conserver ces derniers pour éviter de nouveaux frais d'envoi.

23. Il ne nous est.................. pas possible d'annuler l'effet qui se trouve actuellement en circulation.

24. Un long retard compromettrait la fabrication des voitures. ...., si vous ne pouvez pas nous livrer ces articles sous huitaine, nous serons obligés d'annuler notre ordre.

25. Il serait.................., à mon avis, de votre intérêt de vous abstenir de toute démarche de réclamation.

26. Vous avez toujours réglé vos factures avec ponctualité. ...., nous sommes convaincus que vous en obtiendrez un délai de paiement.

27. L'appareil vous sera remis sous 48 heures.....................avant la date fixée pour les travaux.

28. Malgré deux lettres de rappel, vous n'avez toujours pas procédé à la livraison de notre commande d'ordinateurs portables. ...., nous nous voyons dans l'obligation d'annuler notre commande.

Corrigé page 292

CONCEVOIR UN PLAN DE LETTRE, E-LETTRE OU E-MAIL

Le plan est l'axe de tout écrit professionnel. Si les idées ne sont pas présentées dans un ordre logique, la compréhension du message devient en effet difficile pour le lecteur. Face à un texte peu structuré, le destinataire pourrait même être contraint de relire plusieurs fois le texte pour bien le saisir. De plus, l'absence ou la mauvaise conception d'un plan entraîne une confusion d'ensemble donnant une image de mauvaise maîtrise de l'écrit.

La lettre est actuellement en pleine mutation sous l'influence des messageries électroniques d'où a émergé une nouvelle façon de communiquer : les e-mails et les e-lettres. Ces deux derniers, plus directs, ont en effet progressivement modifié la façon d'écrire les lettres envoyées par la poste. Les e-lettres sont donc des documents allégés au regard des lettres traditionnelles.

Les lettres, les e-lettres et les e-mails ont pour objectif commun :

- d'informer, c'est-à-dire transmettre des renseignements ou répondre à une demande ;
- d'expliquer, c'est-à-dire développer les raisons qui motivent telle action ou telle décision ;
- d'argumenter, c'est-à-dire convaincre que la solution proposée ou retenue est la meilleure ou la seule possible.

Par souci d'opérationnalité, l'évolution des plans entre tous ces documents tend à suivre une logique commune, explicitée ci-après.

Méthodologie de plan pour e-mail, lettre et e-lettre

Objet	De quoi s'agit-il ?
Formule d'appel : mon destinataire	À qui je m'adresse ?
1RE étape Le sujet du document posé de manière explicite	Dans tous les cas, il s'agit soit : **– d'un problème à poser ou résoudre (P)** *J'annonce un problème / Je confirme un problème / Je rappelle un problème…* **– d'une action à demander ou accepter de réaliser (A)** *Je demande une action / Je propose de réaliser une action / J'accepte de réaliser une action / Je confirme la réalisation d'une action / Je rappelle une action à faire…* **– d'une information à transmettre ou enregistrer (I)** *J'accuse réception / J'informe / Je signale / J'annonce une information…*
2E étape Développement opérationnel	**Traitement du problème/action ou information** *Qu'est-ce que je demande ou rappelle ?* *Qu'est-ce que j'explique, analyse ou complète ?* *Qu'est-ce que je justifie ?* *Qu'est-ce que je propose ?* *Qu'est-ce que j'accepte ?* *Qu'est-ce que je refuse ?* *Qu'est-ce que je fais comme concession ?*
3E étape Répercussions	**Conséquence ou suivi du développement** *Qu'est-ce que je souhaite transmettre à mon destinataire ?* *ou* *Qu'est-ce que j'attends de lui ?*
4E étape Formule finale pouvant fusionner avec l'étape 3	**Phrase pouvant renforcer le ton** (très aimable ou au contraire plus sec pour marquer une désapprobation ou un ordre). Elle peut, dans certains cas, fusionner avec le texte de l'étape 3.
Formule de politesse avant signature	Quelle est la formule de politesse la mieux adaptée ?

Quelles étapes pour un plan de lettre/e-lettre ou e-mail ?

Les lettres étaient traditionnellement rédigées sur papier mais, depuis plusieurs années, elles apparaissent ponctuellement sur messageries électroniques. Utiliser ces e-lettres est un moyen de se démarquer des e-mails courants qui, par souci d'opérationnalité peuvent faire primer le contenu, mais parfois au détriment de la forme. En raison de son passé, l'écrit sous forme de lettre est en outre perçu comme plus officiel. Employez donc une e-lettre chaque fois que vous voulez manifester un ton plus respectueux se démarquant des messages opérationnels quotidiens. De leur côté, les formules de politesse s'allègent sous l'influence des e-mails.

À vous de voir selon votre situation spécifique quel poids vous souhaitez donner à votre message : e-mail ou e-lettre ? Dans les deux cas cependant, la méthodologie est sensiblement la même, même si l'e-lettre est souvent encore influencée par l'approche de la lettre traditionnelle.

Une fois votre plan conçu, vous pourrez vous reporter aux formules introductives (fiches 8 à 13 selon le cas), pré-finales (fiche 14) et finales (fiche 15). Ces diverses formules possibles vous permettront d'adapter votre style aux destinataires et aux circonstances en situation d'e-mail, de lettre papier ou d'e-lettre…

Dans certaines de ces mêmes fiches, nous vous proposons également quelques modèles d'e-lettres ou d'e-mails issus de cas rencontrés fréquemment dans la vie professionnelle. Vous pourrez vous y appuyer pour rédiger sans perdre de temps en recherches de formules adéquates.

Les formules d'appel des lettres et e-lettres sont actuellement les suivantes :

Madame, Monsieur,
↳ *Quand on s'adresse à une entreprise (autrefois, on écrivait « Messieurs »)*

Madame,
↳ *Quand on s'adresse à une femme identifiée*

Monsieur,
↳ *Quand on s'adresse à un homme identifié*

Ces formules, toujours plus respectueuses qu'un simple « Bonjour, » peuvent être utilisées dans les e-mails d'entrée en relation ou, dans des écrits courants, comme signe de respect envers un supérieur hiérarchique par exemple.

Voici en vis-à-vis un exemple de la démarche d'une e-lettre et d'un e-mail sur le même sujet. Vous constaterez le côté plus direct du style de l'e-mail.

Quel(s) destinataire(s)? Quel est votre lien avec lui, elle ou eux?	
E-lettre Ton plus déférent	**E-mail** Ton plus direct
Madame, Monsieur, Votre demande de documentation nous est bien parvenue et nous vous remercions de l'intérêt que vous portez à nos produits (services). Afin de répondre à votre attente, nous avons le plaisir de vous envoyer notre catalogue relatif aux.................. Comme vous le constaterez à sa lecture, nous sommes spécialisés dans............... Nous devons également vous signaler que, durant le mois de................., nous accordons une remise de... % sur tous les......... Afin d'orienter votre choix vers la solution la plus rationnelle et la moins onéreuse, nous restons à votre disposition pour tous renseignements complémentaires. Nous vous prions d'agréer, Madame, Monsieur, nos salutations distinguées.	Madame, Monsieur, Comme suite à votre demande, vous trouverez ci-dessous le lien vous permettant de consulter notre catalogue en ligne et de cerner le champ de notre expertise en...... Dans un objectif promotionnel, nous accordons au cours du mois de... une remise de... % sur tous les.... Afin de satisfaire au mieux vos attentes, nous restons à votre disposition pour tous conseils susceptibles d'accompagner votre choix. Bien cordialement,

L'e-mail est donc plus direct et l'e-lettre plus déférente, mais les deux documents suivent la même méthodologie d'ensemble. Toutefois, l'e-mail, par volonté opérationnelle, va directement à l'essentiel sans fioritures. Quant à elle, l'e-lettre s'appuie davantage sur la richesse et les nuances de la langue pour faire passer un message plus soutenu. La différence tient par conséquent davantage à la forme qu'au fond.

L'e-mail, parfois plus proche du langage parlé, accepte facilement le tutoiement, mais uniquement si les deux personnes en contact ont entre elles cet usage à l'oral. En revanche, dans une lettre ou une e-lettre, aucun tutoiement n'est admis (on y vouvoie une personne que l'on tutoie à l'oral). C'est bien la preuve de l'objectif différent de ces deux documents : l'e-mail peut être plus familier, la lettre ou l'e-lettre plus officielles.

Bien communiquer dès l'introduction

En raison du volume de messages à traiter, il est ainsi primordial de concevoir des textes concis, faciles à lire en raison de leur efficacité : brièveté du texte et aspect synthétique du contenu, même si les lettres et e-lettres sont quant à elles généralement plus développées.

À cette fin, bien gérer la premières étape est donc le moment essentiel. Il faut donc se centrer sur une de ces trois situations récurrentes (méthode **PAI**) :

▸ traitement d'un **P**roblème,

▸ demande ou annonce d'une **A**ction,

▸ transmission d'une **I**nformation.

Exemples d'e-mails centrés sur les trois situations récurrentes PAI

À partir des trois cas d'e-mails suivants, observez le mouvement d'écriture qui permet de régler, à chaque fois, en trois étapes n'importe quelle situation courante. La formule pré-finale peut être, quant à elle, intégrée au 3e paragraphe ou être mise comme ici en exergue de façon séparée pour renforcer le ton voulu.

Présentation du problème posé dès l'introduction

> Bonjour à tous,
>
> Le traitement informatique de vos données ne s'est pas déroulé normalement en raison d'une panne informatique qui a eu lieu de 11 h à 12 h. Le service client n'a pu donc répondre aux appels qu'à partir de 14 h.
>
> Nous avons pu en analyser les causes avec notre sous-traitant qui estime, à ce jour, le problème partiellement réglé.
>
> En attendant son règlement définitif, nous vous demandons de remplir systématiquement le formulaire d'incident en ligne afin de le transmettre à la personne chargée de résoudre ce type d'incident.
>
> Nous vous en remercions par avance.
>
> Bien cordialement,
>
> Alexis Revier

Plan à suivre pour P = Problème
- **Poser le problème**
- **Son analyse**
- **La conséquence du problème ou l'action attendue**

Il s'agit d'aller à l'essentiel en énonçant dès l'introduction le problème qui se pose. Une 2e phrase peut éventuellement apporter une précision supplémentaire dans le même paragraphe.

Ensuite, une explication est donnée et le dernier paragraphe est centré sur l'action à entreprendre. La formule de politesse est très brève.

Présentation d'action posée dès l'introduction

Bonjour Lucie,

Je te demande de bien vouloir communiquer à l'ensemble du service ma volonté de recevoir individuellement tous les chargés de dossier afin de connaître leur avis sur ce nouveau projet.

En effet, il me paraît intéressant de tenir compte de leurs réactions car ils sont en relation avec des typologies de clients très différentes. Ce retour me permettra d'affiner mes préconisations.

Je te remercie par avance de ton efficacité.

Très cordialement,

Bertrand

Plan à suivre pour A = Action
▶ **Action demandée**
▶ **Sa justification par une explication ou une analyse**
▶ **Ses répercussions éventuelles ou ce que j'attends**

Il s'agit souvent dans ce cas d'une situation où un responsable hiérarchique s'exprime. Celui-ci va alors généralement droit au but. Toutefois, afin de bien faire passer son message, l'habileté est, dans ce cas, de faire suivre l'ordre d'action, du 1er paragraphe, par une justification/explication en 2e paragraphe. Cela permet de mieux faire adhérer le destinataire, ou les destinataires, à l'action demandée. La formule pré-finale de conclusion est, dans ce contexte, très importante, car elle montre ce qui est attendu tout en adoucissant le ton : elle participe au bon accueil de la demande.

Présentation d'information posée dès l'introduction

Bonjour à tous,

Dans un souci d'équité, nous avons décidé d'instaurer une occupation programmée du parking gratuit de notre société (d'une capacité de 80 places). En effet, les mêmes personnes l'occupent très tôt le matin et contraignent ainsi leurs collègues qui arrivent plus tard à payer systématiquement un tarif de stationnement aux parkings publics.

En conséquence, vous ne pourrez désormais utiliser ce parking qu'une semaine sur deux à partir du 1er juin prochain. À cet effet, chaque personne devra occuper durant toute l'année une place correspondant au numéro pair ou impair de sa semaine. Votre affectation de semaine vous sera communiquée ultérieurement sur demande.

Je compte sur votre compréhension pour respecter cette alternance.

Cordialement,

Luc Martini

Plan à suivre pour I = Information
▶ **Transmission d'information**
▶ **Explication (justification)**
▶ **Conséquences éventuelles (ce que j'attends dans ce contexte)**

Ce type de message est généralement neutre. Il s'agit de communiquer, parfois à plusieurs personnes à la fois, un message de type informatif. Toutefois, il est souvent important dans les situations complexes de fournir une explication. Celle-ci permet de mieux comprendre le sens de l'information proposée, surtout quand on prend la peine d'en montrer, dans certains cas, les répercussions.

Rédiger un objet et choisir sa formule d'appel

Comment améliorer la rédaction du champ « objet » ?

En raison du nombre constant d'e-mails reçus, vos destinataires en effectuent un tri rapide avant toute lecture. L'*objet* permet de *saisir l'importance* de l'information contenue dans l'e-mail afin qu'il soit lu *immédiatement* et que la personne puisse répondre et mener au plus vite l'action que l'on attend d'elle. La rédaction du champ *objet* doit donc retenir particulièrement votre attention.

Pour rédiger un objet qui retient l'attention de votre destinataire, utilisez les techniques journalistiques et posez-vous les questions clés suivantes :

▶ De quoi s'agit-il ? *Réunion.*
▶ Quand ? *Le 22 février 14 h.*
▶ Sur quoi ? *Formation des salariés.*

Réunion formation salariés : 22 février-14 h

L'objet, pour être visuellement concis, est souvent présenté en style télégraphique (suppression des articles).

Dans certains cas, il est pertinent de ne pas tout révéler dans l'objet au risque de ne pas être lu, le destinataire pensant avoir tout saisi dès l'objet.

Règle 1 : l'objet doit toujours être rempli par un texte court

Si votre *objet* n'est pas explicite, votre destinataire aura tendance à lire votre e-mail en dernier ou à le négliger.

Dans le cas où vous adressez plusieurs e-mails dans une même journée, et au même interlocuteur, c'est l'objet, et donc la nouveauté de l'information, qui s'affiche dans le champ *objet* qui le conduira soit à le lire, soit à ne pas le lire.

Règle 2 : l'objet doit comporter une information précise

Dans ce champ, les mots doivent être choisis avec attention au regard du sujet traité :

> *réunion, suivi, commande, facture, interrogation...*

Toutefois, ces mots nécessitent d'être accompagnés de précisions indispensables pour retenir l'attention de votre destinataire et lui indiquer en synthèse l'angle d'attaque du sujet :

> *report de commande, modification date de réunion, suivi du projet....*

Ne pas remplir un objet donne une impression de négligence, voire d'impolitesse.

Formules d'appel des e-mails

Les formules d'appel des e-lettres reprennent quant à elles les formules employées dans les lettres traditionnelles, mais généralement centrées sur une seule personne : Madame ou Monsieur. Dans les échanges courants, elles seront plus directes ou conviviales :

- « Bonjour » est très fréquemment employé lorsqu'on connaît son destinataire ;
- « Bonjour à tous » pour s'adresser à une équipe ou un service ;
- « Bonjour + prénom » du destinataire en 1er contact de la journée ;
- le prénom seul (plus personnalisé et plus familier).

À RETENIR

- La lettre traditionnelle mute depuis plusieurs années pour être transmise sous forme électronique et devient alors une e-lettre.

- La lettre et l'e-lettre suivent le même plan que les e-mails. Pour être efficace, le rédacteur se centre dans ces trois cas en introduction : sur un problème (P), sur une action (A) ou sur une information (I).

- La rubrique « objet » doit toujours être remplie et comporter un texte de synthèse permettant de comprendre rapidement la raison du message.

- Les formules d'appel sont plus variées dans les e-mails que dans les lettres. Comme le tutoiement y est possible, le ton peut être plus familier (« Bonjour, [prénom]…) que dans les lettres ou e-lettres où domine la formule « Madame, Monsieur, » ou « Madame, » ou « Monsieur ».

UTILISER DES MODÈLES : L'ENTRÉE EN RELATION

L'entrée en relation est un moment délicat où le ton joue son rôle à plein régime. En effet, de lui dépend la première impression donnée au destinataire. L'amabilité est par conséquent de rigueur dans ce moment qui se veut convivial tant par lettre que par e-mail. Des phrases types en fin de fiche pourront vous aider à trouver le ton juste dans des cas plus spécifiques.

Il est toujours difficile de débuter. En commençant un texte de courrier, nous rencontrons souvent ce problème et craignons d'être jugés sur nos premiers mots. Afin de vous faciliter la tâche, nous avons rassemblé, dans les pages suivantes, un certain nombre de formules introductives utiles dans des situations de premiers contacts. Certaines d'entre-elles s'adaptent à un langage direct d'e-mail et d'autres, plus déférentes, peuvent être davantage utilisées dans des e-lettres ou lettres. Toutefois, en fonction de vos besoins spécifiques, vous pouvez bien entendu vous servir de la formule qui vous semble la plus en accord avec votre objectif d'écriture, dans l'une ou l'autre colonne.

Commencer un texte de courrier par « Suite à » est incorrect. En effet, l'expression correcte est « À la suite de », transformée de manière erronée par l'usage en « Suite à ». Il est cependant possible de dire : « Comme suite à… »

Le client demande des renseignements

Proposition de lettre ou d'e-lettre

Madame, Monsieur,

Votre annonce, parue dans «............ », nous a vivement intéressés. En effet, votre offre exceptionnelle, appliquée aux.................. pourrait correspondre aux besoins de notre clientèle.

Nous vous serions obligés de bien vouloir nous faire connaître, sans engagement de notre part, vos prix et conditions concernant une livraison éventuelle de.............. Veuillez, en outre, nous indiquer le mode de paiement et le délai de livraison.

Il nous serait agréable de recevoir une réponse dans les meilleurs délais.

Nous vous prions d'agréer, Madame, Monsieur, nos salutations distinguées.

Proposition d'e-mail équivalent

Bonjour,

Votre annonce mise en ligne sur le site.... nous a vivement intéressés car votre offre correspond aux attentes de notre clientèle.

Pourriez-vous nous transmettre vos prix, conditions de paiement et délais de livraison pour une livraison éventuelle de............. ?

Dans l'attente d'une réponse par retour,

Bien à vous,

Le fournisseur répond à la demande de renseignements du client

Proposition de lettre ou d'e-lettre

Madame, Monsieur,

Par votre lettre du…., vous nous demandez le passage d'un paysagiste en vue de l'établissement d'un devis concernant le réaménagement de votre terrasse.

Notre équipe s'appuie sur l'expertise de deux paysagistes et de dix jardiniers, aptes à effectuer tous les travaux déterminés lors de votre accord du devis.

Afin d'établir celui-ci, pouvez-vous nous proposer deux dates possibles de rendez-vous ? Vous le recevrez ensuite sous huitaine.

Nous vous remercions de votre confiance.

Nous vous prions de recevoir, Madame, Monsieur, nos meilleures salutations.

Dans les lettres traditionnelles, les interrogations étaient toujours indirectes du type :

Nous vous demandons de nous proposer par conséquent deux dates de rendez-vous pour établir un devis.

Actuellement, les interrogations directes sont beaucoup plus efficaces car beaucoup plus explicites :

Pouvez-vous nous proposer…. ?

Elles sont utilisées dans tout le courrier électronique.

Proposition d'e-mail équivalent

Monsieur,

Le........., vous nous avez demandé un rendez-vous avec un de nos paysagistes en vue de l'établissement d'un devis concernant le réaménagement de votre terrasse.

Afin d'établir ce devis, pouvez-vous nous proposer une date de rencontre à votre convenance ? Celui-ci vous sera ensuite transmis sous huitaine.

Nous vous remercions de votre confiance.

Bien cordialement,

Formules types autour de l'entrée en relation

À la suite d'un entretien téléphonique

LETTRE OU E-LETTRE	E-MAIL
• Au cours de notre conversation téléphonique du..............., vous nous avez demandé une documentation sur.............. • À la suite de l'entretien téléphonique que nous avons eu le..............., nous nous permettons de préciser les points suivants :.............. • Comme vous l'avez proposé lors de notre conversation téléphonique, nous vous.............. • Nous nous référons au récent entretien téléphonique que vous avez eu avec notre collaborateur et.............. .	• Nous confirmons les termes de notre entretien téléphonique de ce jour et.............. • Comme nous vous l'avons mentionné lors de notre entretien téléphonique du.............. • En confirmation de notre appel téléphonique de ce jour, nous vous rappelons les termes....

Demande de documentation

LETTRE OU E-LETTRE	E-MAIL
• Nous vous prions de nous adresser, le plus rapidement possible, votre nouveau catalogue relatif à............. ainsi que............. • Nous vous serions reconnaissants de bien vouloir nous faire parvenir, dès que possible, en même temps que des échantillons, votre meilleur prix pour la fourniture éventuelle de............. . • Nous vous serions obligés de bien vouloir nous faire connaître, sans engagement de notre part, vos prix et conditions pour la livraison des articles ci-dessous indiqués............. . • Nous vous prions de bien vouloir nous faire connaître vos conditions pour la fourniture éventuelle de............. .	• Pourriez-vous nous transmettre une documentation complète (une notice détaillée) accompagnée de vos tarifs actuels et de vos conditions de vente ? • Comme proposé dans votre annonce en ligne sur votre site, pouvez-vous nous adresser votre catalogue et vos tarifs concernant............. ?

Réponse à une demande de documentation

LETTRE OU E-LETTRE	E-MAIL
• Nous vous remercions de l'intérêt témoigné par votre lettre du............. . • Il nous est très agréable de répondre à votre lettre du............. par laquelle............. • Vous avez bien voulu vous adresser à notre société pour l'acquisition de............. . • Nous vous remercions de votre lettre du............. par laquelle vous nous demandez une documentation sur.............	• Nous avons bien reçu votre demande de............. . • Par votre e-mail du............., vous avez bien voulu nous demander............. • Le............., vous nous avez demandé.............

À RETENIR

- La lettre, l'e-lettre et l'e-mail suivent actuellement la même logique méthodologique sous l'influence des e-mails dont l'approche est plus synthétique et plus directe.

- Les interrogations deviennent de plus en plus directes dans le courrier.

- Avoir en tête des formules types diversifiées, comme proposé dans cette fiche, permet à la fois de varier son style et de gagner du temps.

UTILISER DES MODÈLES :
LA COMMANDE

La commande est un moment plus factuel qui nécessite généralement un ton neutre, sauf quand le fournisseur n'est pas en mesure d'honorer la commande selon les conditions prévues. Dans ce cas, c'est à lui de faire preuve de souplesse pour faire passer un message décevant. Des phrases types en fin de fiche pourront vous aider à trouver le ton juste dans des cas plus spécifiques.

Dans toutes les formules, il est possible d'intervertir l'emploi du pronom « nous » par « je » et vice versa. Cependant, l'usage en entreprise est d'écrire les lettres au nom de la société. On emploie donc généralement « nous ». Les administrations privilégient en revanche le pronom « je » car le rédacteur est en responsabilité quand il répond à une demande ou question. Les e-mails utilisent, quant à eux, selon les besoins « nous » (on s'exprime au nom de la société ou de l'équipe) ou « je » (dans la relation individualisée fréquente sur ce support).

Maintenir un ton neutre dans les situations factuelles

Le ton neutre réclame une certaine vigilance de la part du rédacteur car, à l'écrit, le choix des mots et la longueur des phrases sont deux aspects fondamentaux à garder constamment à l'esprit. À l'oral, il est en effet facile de rectifier une erreur de ton, liée à la précipitation, en raison de la réaction immédiate des interlocuteurs. À l'écrit, il faut sans cesse anticiper. La maîtrise du ton est donc la clé d'un échange réussi. Or, la marge de manœuvre est faible, et, nous l'avons vu, un ton sec peut découler très vite d'une simple phrase trop courte ou d'un mot mal choisi. Pour exprimer un ton neutre, il faut accepter de rester dans un registre de mots convenus et de phrases courtes.

La commande

Passation de commande
Proposition de lettre ou e-lettre

Madame, Monsieur,

Nous vous remercions de votre documentation et, après son étude, nous vous prions de nous expédier les articles suivants :

– ....

– ....

La commande devra cependant nous parvenir sous quinzaine. Si vous ne pouvez respecter ce délai, nous vous demandons de bien vouloir nous en informer par retour du courrier.

Nous attendons votre réponse et espérons que cette première commande fera l'objet de vos soins les plus attentifs.

Nous vous prions d'agréer, Madame, Monsieur, nos salutations distinguées.

E-mail correspondant

Monsieur,

Après étude de votre documentation, nous souhaitons commander les articles suivants :....

Cette commande doit toutefois nous parvenir sous quinzaine. Pouvez-vous nous préciser par retour si cette contrainte de date est possible pour vous ?

Nous espérons que la qualité de ces articles répondra pleinement à nos attentes.

Cordialement,

Accusé de réception de commande

Proposition de lettre ou e-lettre

Madame, Monsieur,

Nous accusons réception de votre commande et vous remercions de votre confiance. Celle-ci fera l'objet de nos soins attentifs.

Nous vous précisons que la livraison sera effectuée sous huitaine par les transports............. Nous tenons cependant à vous rappeler que nos marchandises transitent selon la réglementation en vigueur aux risques et périls du destinataire.

Nous espérons que cette livraison répondra à vos attentes et vous déterminera à nous passer d'autres commandes pour lesquelles nous restons à votre entière disposition.

Veuillez agréer, Madame, Monsieur, nos salutations distinguées.

E-mail correspondant

Monsieur,

Votre commande nous est bien parvenue et fera l'objet de nos soins les plus attentifs.

La livraison sera effectuée par les transports..... Toutefois, il est à noter que celle-ci transite selon la règlementation en vigueur au risque et périls du destinataire.

Nous espérons que vous serez satisfait de cette première commande et que vous nous renouvellerez votre confiance.

Cordialement,

Demande de précisions supplémentaires

Proposition de lettre ou e-lettre

Madame, Monsieur,

Nous vous remercions de l'ordre contenu dans votre lettre du............... dernier et sommes prêts à l'exécuter dans les délais que vous demandez.

Toutefois, vous avez omis d'indiquer les références de la...................

L'indication de ces renseignements nous permettrait de prendre, sans retard, les dispositions nécessaires à cet effet et de vous donner satisfaction dans les délais impartis.

Veuillez agréer, Madame, Monsieur, nos salutations distinguées.

E-mail correspondant

Monsieur,

Nous vous remercions de votre commande et pouvons la réaliser dans les délais demandés.

Toutefois, pouvez-vous nous indiquer les références de la................... ?

Nous vous remercions par avance de cette précision.

Cordialement,

Acceptation sous réserve de modifications de la livraison

Proposition de lettre ou e-lettre

Madame, Monsieur,

Le............ dernier, vous nous avez transmis votre commande n°........., fixant la livraison de la marchandise au............ Or, en raison de problèmes matériels survenus le............., le délai indiqué ne pourra, à ce jour, être respecté.

Dès à présent, nous mettons cependant tout en œuvre pour vous donner satisfaction dans les meilleurs délais.

Nous vous prions de nous excuser pour ce retard, indépendant de notre volonté.

Veuillez agréer, Madame, Monsieur, nos salutations distinguées.

E-mail correspondant

Monsieur,

À la suite de problèmes matériels, le délai de votre commande n°..., livrable le...., ne pourra être respecté.

Malgré ce contretemps, nous mettons tout en œuvre pour vous donner satisfaction dans les meilleurs délais.

Veuillez nous excuser pour ce retard, indépendant de notre volonté.

Cordialement,

Impossibilité d'honorer la totalité de la commande : livraison partielle

Lettre ou e-lettre

Madame, Monsieur,

Nous avons bien enregistré votre commande du............dernier et vous remercions de votre confiance.

Cependant, en raison des fortes intempéries actuelles, il ne nous sera pas possible de vous livrer les articles suivants dans les délais prévus :......................En effet, les matières premières nécessaires à leur fabrication nous parviendront seulement sous quinzaine.

Après vérification de nos plannings, nous estimons toutefois possible de vous expédier le solde de la commande avant le.....................

Nous vous prions de nous excuser de ce contretemps, indépendant de notre volonté.

Veuillez agréer, Madame, Monsieur, nos salutations distinguées.

E-mail correspondant

Monsieur,

Nous vous remercions de votre commande de... Toutefois, les fortes intempéries actuelles ne nous permettent pas de vous la livrer entièrement dans les délais prévus.

En effet, les matières premières, nécessaires à la fabrication de certains articles, nous parviendront seulement sous quinzaine. Pour cette raison, le solde de la commande vous parviendra seulement au cours de.....................

Veuillez nous excuser de ce contretemps, indépendant de notre volonté.

Cordialement,

Formules types autour de la commande

Examen de l'offre et passation de commande

LETTRE OU E-LETTRE	E-MAIL
• Après examen de votre nouvel échantillonnage, dont nous vous remercions, nous vous prions de trouver sous ce pli le détail d'une première commande. • Nous vous serions obligés de bien vouloir nous adresser, sur la base de vos conditions générales de vente, les articles suivants : • Nous avons pris connaissance des propositions contenues dans votre lettre (e-mail) du............... .	• Selon votre offre du.............., nous vous demandons de nous envoyer............ . • En confirmation de notre entretien téléphonique de ce jour, nous vous passons commande ferme de............... . • Nous vous prions de trouver ci-joint notre commande de............... • Après étude de vos prix courants, nous souhaitons recevoir...............

Accusé de réception de commande

LETTRE OU E-LETTRE	E-MAIL
• L'exécution de votre commande du..............., dont nous vous remercions, fait l'objet de tous nos soins. • Votre commande du............... a retenu notre attention. Nous prenons sans tarder toutes dispositions afin d'y donner suite. • Nous vous remercions de l'ordre contenu dans votre lettre du............... et sommes prêts à l'exécuter dans les délais impartis.	• Par votre lettre du..............., vous nous avez commandé..... • Nous vous remercions de votre commande du............... • Votre commande.... a bien été enregistrée. • Nous avons reçu avec plaisir votre commande du............... et vous en remercions. • Comme suite à votre entretien téléphonique du............... avec M..............., nous vous confirmons l'enregistrement de votre commande.

Acceptation de commande sous réserve de modifications

LETTRE OU E-LETTRE	E-MAIL
• Nous avons bien reçu votre commande dont nous vous remercions. Cependant, nous regrettons de ne pouvoir vous l'expédier comme vous le demandiez : notre stock est actuellement épuisé et un délai de............... est nécessaire pour notre réapprovisionnement.	• En réponse à votre demande du..............., nous tenons à vous informer que nous ne sommes pas en mesure de.......
• Nous avons bien reçu votre commande du............... portant sur la fourniture de............... pour lesquels (lesquelles) vous nous demandez une livraison immédiate. Nous regrettons de vous informer que nous ne pouvons accepter votre commande aux conditions fixées préalablement.	• Le...., vous nous avez commandé..........., livrable(s) en date du............... Or, il est probable qu'en raison de.............. le délai indiqué ne puisse être respecté.
	• En raison du.............., il ne nous est pas possible d'expédier, comme prévu, la totalité des articles faisant l'objet de votre commande........... du............. .
	• Nous vous remercions de votre commande du...............Toutefois, comme précisé par téléphone, il nous sera difficile de respecter les délais de livraison initialement prévus.

À RETENIR

- La langue utilisée appartient au langage courant et se maintient constamment sur un même niveau, sans puiser dans le langage parlé relâché ni dans la langue soutenue.

- Les mots de liaison les plus courants dans le thème de la commande sont centrés autour de l'explication (en effet) ou de la restriction (toutefois, cependant). Ils permettent d'introduire des informations ou des problèmes enrayant le bon fonctionnement de situations initialement prévues.

- Les formules types doivent vous permettre d'ajuster au mieux, sans perte de temps, le message que vous souhaitez transmettre.

UTILISER DES MODÈLES : LA LIVRAISON

Les messages autour de la livraison n'existent, dans la plupart des cas, que si celle-ci présente un dysfonctionnement. Tous les tons peuvent par conséquent s'y mêler selon le point de vue du client, du fournisseur, du transporteur : du ton aimable de celui qui est en tort au ton plus sec de celui qui vit le préjudice et doit s'y adapter. Des phrases types en fin de fiche pourront vous aider à trouver le ton juste dans des cas plus spécifiques.

Comment se montrer très à l'écoute dans certaines situations ?

La livraison est souvent un moment délicat car différents aléas peuvent en perturber le bon déroulement. Afin d'éviter de tendre les situations, il est habile dans une perspective très commerciale, pour apaiser un destinataire irrité ou franchement en colère, d'utiliser un procédé de style infaillible : **l'utilisation du pronom « vous » :**

▶ *Le 5 janvier dernier,* ***vous*** *nous avez signalé une erreur…*

▶ *Par votre lettre du 10 février dernier,* ***vous*** *nous annoncez le dysfonctionnement de…*

▶ *Dès réception de la marchandise,* ***vous*** *avez tenu à nous informer de…*

À la lecture du premier paragraphe, le destinataire se sent, grâce à ce procédé, tout de suite compris et parfaitement pris en charge. Ce pronom, employé dès l'abord, vous permet de jouer efficacement une carte très commerciale alors que, par usage, la plupart des rédacteurs utilisent spontanément les pronoms « je » ou « nous », à privilégier pour renforcer un engagement personnel :

▶ ***Nous*** *avons bien reçu votre réclamation concernant…*

▶ *J'ai bien reçu votre e-mail nous signalant le retard de…*

Changer de pronom, c'est très simple mais cela peut faire parfois votre différence !

La livraison

La livraison sous réserve de modifications

Proposition de lettre ou e-lettre

> Madame, Monsieur,
>
> Le............ dernier, vous nous avez transmis un bon de commande n°........., fixant la livraison de la marchandise au............
>
> Or, en raison d'une panne de matériel survenue le............., le délai indiqué ne pourra, à notre grand regret, être respecté.
>
> Dès à présent, nous mettons tout en œuvre pour vous donner satisfaction dans les meilleurs délais. Veuillez nous excuser pour ce retard indépendant de notre volonté.
>
> Nous vous prions de croire, Madame, Monsieur, à l'expression de nos sentiments respectueux.

Accuse
réceptio

Explicat
du probl

Ton trè
déférer

E-mail correspondant

> Monsieur,
>
> La commande n°...... du....... ne pourra vous être livrée à la date prévue.
>
> En effet, en raison d'une panne de matériel, le délai initial ne pourra être respecté.
>
> Toutefois, nous mettons tout en œuvre pour vous donner rapidement satisfaction.
>
> Nous vous prions de nous excuser pour ce retard, indépendant de notre volonté.
>
> Bien cordialement,

Informa

Ton p
direc

Ce q
je fa

La livraison partielle

Proposition de lettre ou e-lettre

Madame, Monsieur,

Nous avons bien reçu votre commande du............ dernier dont nous vous remercions.

Nous avons le plaisir de vous informer que nous vous avons expédié, ce jour, les articles suivants :...................... et......................

Cependant, en raison des fortes intempéries actuelles, il ne nous sera pas possible de vous livrer dans les délais impartis :........................ En effet, les matières premières nécessaires à leur fabrication nous parviendront seulement sous quinzaine.

Nous vous prions de nous excuser de ce retard et pensons être en mesure de vous expédier le solde de la commande avant le..................... Toutefois, si vous souhaitez être livrés plus rapidement, nous vous proposons des articles similaires que nous pourrions vous envoyer dès réception de votre accord.

Nous vous renouvelons nos excuses pour ce contretemps et espérons que cette solution vous donnera satisfaction.

Nous vous prions de croire, Madame, Monsieur, à l'assurance de nos sentiments respectueux.

E-mail correspondant

Monsieur,

Nous tenons à vous informer de l'envoi, ce jour, d'une partie de votre commande :.....................

En effet, en raison des fortes intempéries actuelles, il ne nous est pas possible de vous livrer dans les délais prévus :.......................

Nous pensons être en mesure de vous expédier le solde de la commande avant le.....................

Veuillez nous excuser de ce contretemps, indépendant de notre volonté.

Cordialement,

Formules types autour de la livraison

Le client demande des explications

Lettre ou e-lettre	E-mail
• Comme nous vous l'avons mentionné lors de notre entretien téléphonique, nous sommes très surpris d'être sans nouvelles de notre commande.............. que vous deviez nous livrer au plus tard le.............. .	• Le délai fixé par notre ordre du............. est dépassé depuis......... Nous sommes donc surpris d'être sans nouvelles de votre part.
• Le.........., nous vous avons passé une commande de........... livrable avant le..........., à notre chantier de........ Or, nous sommes très surpris de ne pas avoir reçu, à ce jour, la livraison de cette marchandise.	• Nous sommes étonnés d'être sans nouvelles de notre commande.............. que vous deviez nous livrer au plus tard le.............. .
	• Nous sommes surpris de ne pas avoir reçu livraison de nos marchandises commandées le........

Le fournisseur répond à la demande d'explications

Lettre ou e-lettre	E-mail
• Nous recevons, ce jour, votre lettre du................ et vous prions de nous excuser de n'avoir pu livrer à la date convenue les marchandises faisant l'objet de votre commande............ • Votre lettre du......... relative à votre commande a retenu toute notre attention. Après consultation de notre service Expéditions, il s'avère que..........	• En raison de........., nous regrettons de ne pas être en mesure d'observer le délai de livraison initialement prévu. • À la suite de........ , il ne nous est pas possible de........ • Nous vous prions de nous excuser de ce retard dû à des circonstances indépendantes de notre volonté.

Le client signale une livraison non conforme

Lettre ou e-lettre	E-mail
• Votre envoi du.................. nous est bien parvenu et nous vous en remercions. Toutefois, au déballage de celui-ci, nous avons constaté qu'il n'était pas conforme à notre commande. • Les.................. correspondant à notre commande n°......... nous ont bien été livré(e)s le............. En procédant à leur vérification, nous avons constaté que certains articles présentent des défauts de fabrication.	• À réception de....., nous constatons la non-conformité de notre commande. • À réception de....., nous constatons que les articles proposés ne correspondent pas à notre commande initiale. • Toutefois, lors de l'ouverture de...., nous avons constaté que.......... n'était pas conforme à notre commande. • En procédant à leur vérification, nous avons constaté que certains articles présentent des défauts de fabrication.

Le fournisseur donne des explications

LETTRE OU E-LETTRE	E-MAIL
• Par votre lettre du............, vous nous informez que les.......... reçus ne vous donnent pas entière satisfaction.	• Par e-mail du....., vous nous annoncez que............ ne vous donnent pas entière satisfaction.
• Nous apprenons par votre lettre du.........que notre dernière fourniture de......... ne vous a pas donné entière satisfaction. Nous le regrettons vivement, car nous attachons une importance primordiale à satisfaire notre clientèle.	• Vous nous signalez que notre dernière livraison de......... ne vous a pas donné entière satisfaction.
• Votre lettre du.........a retenu toute notre attention. Vous voudrez bien nous excuser pour cette erreur de commande, commise lors de l'emballage.	• Votre mail du.........a retenu toute notre attention. Vous voudrez bien nous excuser pour cette erreur de........., commise lors de.....
• Par votre lettre du......, vous nous informez que...... ne correspondent pas à ceux (celles) que vous nous avez commandé(e)s. Nous vous prions d'accepter toutes nos excuses pour cette erreur, indépendante de notre volonté.	• Vous nous faites part de....... Après vérifications, nous constatons.....
	• Afin de répondre à votre attente malgré ce contretemps, nous vous proposons de....

À RETENIR

- La langue utilisée appartient au langage courant, mais les échanges sont courtois.

- Les mots de liaison les plus courants dans le thème de la livraison sont centrés autour de l'explication (en effet) ou de la restriction (toutefois, cependant). Ils permettent d'introduire des informations ou des problèmes enrayant le bon fonctionnement de situations initialement prévues.

- Les formules types doivent vous permettre d'ajuster au mieux, sans perte de temps, le message que vous souhaitez transmettre.

UTILISER DES MODÈLES : LES RÉCLAMATIONS

Les réclamations renvoient à des moments de litiges : aléas divers liés aux retards, aux intempéries, aux grèves, à des marchandises abîmées, manquantes… C'est le domaine de tous les possibles. Les réclamations sont donc des moments sensibles où peuvent se côtoyer des tons parfois irrités, donc secs, et des réponses aimables de ceux qui tentent d'apaiser ou de justifier des problèmes de toutes sortes survenus autour d'une commande et de sa livraison. Des phrases types en fin de fiche pourront vous aider à trouver le ton juste dans des cas plus spécifiques.

> *Dans les situations de réclamation, le mot de liaison « en effet »
> est très utilisé dans le corps des phrases pour dire de manière
> sous entendue « vous avez raison ». C'est un moyen habile pour
> reconnaître ses torts :*
>
> Par votre mail du…., vous nous signalez une erreur de facturation.
> Après vérification, nous avons **en effet** constaté que la remise
> proposée initialement n'avait pas été appliquée.

Le ton neutre est peu fréquent dans les situations de réclamation. Il faut savoir en sortir pour signifier son mécontentement, mais toujours dans un registre étroit de ton puisque la colère s'exprime dans les écrits professionnels par un vocabulaire modéré pouvant paraître, dans d'autres contextes, la manifestation d'une simple irritation :

▶ *Dans ce cas, nous ne pouvons accepter votre demande de report d'échéance.*

Le point d'exclamation, qui surgit très facilement dans les e-mails à caractère personnel, doit donc être banni des situations de litige. En effet, ce type de situation peut prendre une dimension juridique, non compatible avec tout ce que peut suggérer un simple point d'exclamation (colère, joie, enthousiasme, sous-entendu…).

Les réclamations

Le fournisseur répond à la réclamation

Lettre ou e-lettre

Madame, Monsieur,

Faisant suite à votre lettre du............ dernier, nous vous prions de nous excuser de ne pas avoir livré à la date convenue les marchandises faisant l'objet de votre commande n°............

Nous regrettons de n'avoir pu observer le délai de livraison prévu. En effet, un afflux de commandes, exceptionnel à cette période de l'année, nous a empêchés de respecter notre engagement initial.

Cependant, nous estimons qu'il sera possible de vous donner satisfaction sous huitaine.

Nous espérons que ce retard ne vous portera pas préjudice auprès de vos clients.

Nous vous prions d'agréer, Madame, Monsieur, nos salutations distinguées.

E-mail correspondant

Monsieur,

Nous regrettons de n'avoir pu observer le délai de livraison prévu. En effet, un afflux de commandes, exceptionnel à cette période de l'année, ne nous a pas permis de respecter notre engagement initial.

Toutefois, votre commande vous parviendra sous huitaine.

Nous vous remercions, par avance, de votre compréhension.

Cordialement,

Le fournisseur répond à une réclamation justifiée

Lettre ou e-lettre

Madame, Monsieur,

Votre lettre du.................. dernier a retenu toute notre attention et nous avons été surpris d'apprendre que....... ne vous est pas encore parvenu(e).

Après vérification auprès de notre service......., nous apprenons que la marchandise a été enlevée à notre usine de.............. par le transporteur.................. Ce retard semble provenir de.........

Nous espérons que ce contretemps, indépendant de notre volonté, n'altérera pas la qualité de nos relations.

Veuillez agréer, Madame, Monsieur, nos salutations distinguées

E-mail correspondant

Monsieur,

Nous sommes surpris d'apprendre que la marchandise, envoyée le...., ne vous est pas encore parvenue.

Après vérification auprès de notre service......., nous apprenons que celle-ci a été enlevée à notre usine de.............. par.................. Celle-ci vous parviendra sous huitaine.

Nous regrettons ce contretemps, indépendant de notre volonté.

Cordialement,

Le client constate une erreur de facturation

Lettre ou e-lettre

Madame, Monsieur,

Votre lettre du............ dernier, comprenant l'envoi de notre relevé de compte, nous est bien parvenue.

Or, il était convenu, d'après notre correspondance, que vous nous accorderiez un escompte de... %. Le prix aurait alors dû être de... au lieu de....

Nous vous renvoyons donc, ce jour, le relevé de facture erroné afin que vous soyez en mesure de le rectifier. Toutefois, nous joignons à cette lettre notre règlement, déduction faite de l'escompte omis.

Veuillez agréer, Madame, Monsieur, nos salutations distinguées

E-mail correspondant

Madame, Monsieur,

Lors de la réception de notre relevé de compte, nous constatons que vous n'avez pas tenu compte de l'escompte de... %. Le prix aurait dû être en effet de... au lieu de....

Afin que vous puissiez le rectifier, nous vous retournons ci-joint le relevé de facture erroné et vous faisons parvenir notre règlement, déduction faite de l'escompte omis.

Cordialement,

Le fournisseur reconnaît avoir commis une erreur

Lettre ou e-lettre

Madame, Monsieur,

Nous avons pris connaissance de votre lettre du......... dernier relative à une erreur de facturation.

Après vérification de nos écritures, nous reconnaissons le bien-fondé de votre réclamation et annulons notre facture n°....... En conséquence, nous vous prions de trouver ci-joint une nouvelle facture.

Veuillez nous excuser d'avoir, lors de l'établissement de la facture précédente, omis de tenir compte de l'escompte de... %.

Nous veillerons désormais à ce qu'une erreur de ce type ne se reproduise plus.

Nous vous prions d'agréer, Madame, Monsieur, nos sentiments respectueux.

E-mail correspondant

Madame,

Après vérification de nos écritures, nous reconnaissons le bien-fondé de votre réclamation et annulons notre facture n°.......

En conséquence, nous vous prions de trouver ci-jointe une nouvelle facture.

Veuillez nous excuser d'avoir omis de tenir compte de l'escompte de... %.

Cordialement,

Formules types autour d'une erreur

Le client signale une erreur ou un dysfonctionnement

Lettre ou e-lettre	E-mail
• Nous vous rappelons votre lettre du........ nous accordant, à titre exceptionnel, un............... . Or, vous n'en avez pas tenu compte en établissant votre facture. Vous avez, en effet, facturé............ au lieu de.............	• Après mise en service de....., nous regrettons de constater une erreur....
• Lors de la vérification de nos écritures, nous avons constaté l'erreur suivante : vous avez en effet facturé............ au lieu de............ .	• Sur notre facture, vous n'avez pas tenu compte de.... , vous avez en effet facturé............ au lieu de.............
• Votre lettre du............ nous adressant notre relevé de compte nous est bien parvenue. Or, d'après nos correspondances antérieures, il était convenu que vous nous accorderiez un escompte de............... et que toutes vos factures seraient payables........................ Or, vous avez.......	• Lors de la vérification de nos écritures, nous avons constaté l'erreur suivante : vous avez facturé............ au lieu de............ .
	• Nous vous informons que votre facture n°............ se rapportant à la livraison du............. contient une erreur de.................. à notre préjudice. Vous avez en effet facturé....
	• Lors de la mise en service de....., nous constatons le dysfonctionnement de.....
• Après réception le........ de......, nous tenons à vous informer du dysfonctionnement de........ lors de sa mise en service.	• Nous avons bien reçu le....... notre...... Or, après mise en service, il s'avère que ce..... présente un dysfonctionnement de........

Le fournisseur répond à une réclamation

Lettre ou e-lettre	E-mail
• Notre service comptable a pris connaissance de votre réclamation. Après vérification de nos écritures, nous reconnaissons en effet le bien-fondé de votre réclamation. Nous annulons donc notre facture n°............... . • Nous recevons votre lettre du.................. relative au paiement de notre facture n°.................... du.................. Son libellé comporte en effet une erreur : son montant est bien payable......	• Après vérification de nos écritures, nous constatons le bien-fondé de votre réclamation et annulons notre facture n°.............. . • Comme suite à votre remarque du...., nous avons en effet constaté une erreur dans le libellé de....... • Après étude de votre dossier, il s'avère en effet que nous avons, par erreur,......

À RETENIR

- Le ton n'est jamais accusateur dans le courrier lié aux réclamations : il existe une réelle volonté d'être conciliant.

- Les mots de liaison les plus courants sur le thème des réclamations permettent de conduire une argumentation en renforçant la déférence.

- Les formules types doivent vous permettre d'ajuster au mieux, sans perte de temps, le message que vous souhaitez transmettre dans ces moments souvent délicats.

UTILISER DES MODÈLES : LE RÈGLEMENT

Les messages autour du règlement sont généralement neutres en raison d'une approche très factuelle liée à ce sujet. Toutefois, quand il s'agit de retards de règlements, cela entraîne des situations parfois plus tendues entre fournisseurs et clients. Le ton peut monter crescendo de l'amabilité inhérente à la 1re relance, au ton froid et neutre de la 2e pour devenir très sec, voire lapidaire, lors de la 3e relance de paiement. Des phrases types en fin de fiche pourront vous aider à trouver le ton juste dans des cas plus spécifiques.

Quelles sont les obligations de paiement ?

Pour les règlements de factures entre professionnels, selon la loi :

– le paiement comptant : le client a l'obligation de payer le bien ou la prestation le jour de la livraison ou de la réalisation ;

– le paiement à réception : avec un délai d'au moins une semaine, incluant le temps d'acheminement de la facture ;

– le paiement avec délai par défaut : avec un délai maximal fixé au 30e jour suivant la réception des marchandises ou l'exécution de la prestation (en l'absence de mention de délai dans le contrat) ;

– le paiement avec délai négocié : des clauses particulières figurant aux conditions de vente ou convenues entre les parties peuvent amener le délai jusqu'à 60 jours après l'émission de la facture ou, à condition d'être mentionné dans le contrat, à la fin du mois après 45 jours. Le choix entre les 60 jours calendaires (de date à date) ou les 45 jours fin de mois relève de la liberté contractuelle (voir www.economie.gouv.fr).

Le règlement

Le fournisseur demande le règlement de sa facture

Proposition de lettre ou e-lettre

Madame, Monsieur,

Conformément à nos accords, nous vous adressons le relevé de votre compte se soldant, à la date du............ dernier, par...... en notre faveur.

Vous trouverez ci-jointe notre lettre de change de...... que nous vous prions de nous retourner revêtue de votre acceptation.

Nous vous remercions par avance de l'accueil réservé à ce document.

Veuillez agréer, Madame, Monsieur, l'expression de nos sentiments respectueux.

E-mail correspondant

Madame,

Nous vous adressons le relevé de votre compte se soldant, à la date du............ dernier, par...... en notre faveur.

Vous trouverez ci-jointe notre lettre de change de....... que nous vous prions de nous retourner comportant votre acceptation.

Nous vous en remercions par avance.

Cordialement

Le client demande un report d'échéance

Proposition de lettre ou e-lettre

Madame, Monsieur,

Nous avons bien reçu votre livraison consécutive à notre commande du……. dernier ainsi que la facture correspondante.

Toutefois, nous sommes au regret de vous informer qu'il ne nous sera pas possible de vous en verser le montant à la fin de ce mois, comme nous en étions initialement convenus.

En effet, différentes manifestations actuelles ont entraîné ces dernières semaines un ralentissement de nos ventes. De ce fait, notre trésorerie rencontre quelques difficultés passagères.

C'est donc à titre tout à fait exceptionnel que nous demandons un délai supplémentaire d'un mois qui nous permettrait de rétablir notre situation.

Nous vous remercions par avance de votre aimable compréhension.

Veuillez agréer, Madame, Monsieur, nos salutations distinguées.

E-mail correspondant

Monsieur,

Après livraison de notre commande le…., nous sommes au regret de vous informer qu'il ne nous sera pas possible d'en régler le solde à la fin de ce mois.

En effet, à la suite des manifestations actuelles, notre trésorerie rencontre quelques difficultés passagères liées à la baisse significative de nos ventes.

Nous vous demandons par conséquent de nous accorder un délai supplémentaire d'un mois.

Nous vous remercions par avance de votre compréhension.

Cordialement,

Le fournisseur accepte le report d'échéance

Proposition de lettre ou e-lettre

Madame, Monsieur,

Par votre lettre du................, vous avez bien voulu nous faire connaître votre impossibilité à faire face à l'échéance de la traite d'un montant de......., payable à la fin de ce mois.

Nous avons le plaisir de vous informer que nous sommes disposés, à titre exceptionnel, à vous accorder le délai de paiement demandé.

En remplacement de notre traite de......., vous voudrez donc bien trouver sous ce pli, pour acceptation, une nouvelle traite de....... au......

Nous vous prions d'agréer, Madame, Monsieur, nos salutations distinguées.

E-mail correspondant

Monsieur,

Nous avons le plaisir de vous informer que nous sommes disposés, à titre exceptionnel, à vous accorder le délai de paiement demandé.

En remplacement de notre traite de......., vous voudrez donc bien trouver ci-jointe, pour acceptation, une nouvelle traite de....... au......

Cordialement,

Le fournisseur refuse le report d'échéance

Proposition de lettre ou e-lettre

Madame, Monsieur,

Vous nous signalez, par votre lettre du............., votre difficulté à régler votre facture, d'un montant de........., payable à la fin de ce mois.

Nous avons toutefois le regret de vous informer de notre impossibilité actuelle de différer cette échéance. En effet, nous avons pris très récemment des engagements importants qui ne nous permettent pas d'accorder actuellement des facilités de paiement à nos clients.

Nous espérons que vous comprendrez cette décision liée à ces nouvelles exigences.

Veuillez agréer, Madame, Monsieur, l'expression de nos sentiments respectueux.

E-mail correspondant

Madame,

Nous avons le regret de vous informer de notre impossibilité actuelle de différer l'échéance que vous demandez.

En effet, nous avons pris très récemment des engagements importants qui ne nous permettent pas d'accorder actuellement des facilités de paiement à nos clients.

Nous regrettons de ne pouvoir répondre à votre attente.

Cordialement,

Le rappel de règlement

Le fournisseur rappelle le règlement. Proposition de lettre ou e-lettre et e-mail

Madame, Monsieur,

En procédant à la vérification de nos écritures antérieures, nous constatons que votre facture est restée jusqu'à ce jour impayée.

Nous pensons qu'il s'agit d'un simple oubli de votre part et vous serions obligés de bien vouloir régulariser votre situation dans les meilleurs délais.

Cordialement,

Deuxième lettre de rappel – Proposition de lettre ou e-lettre ou e-mail

Madame, Monsieur,

Nous sommes surpris de ne pas avoir reçu de réponse à notre lettre du............ dernier concernant le règlement de notre facture n°.......

En effet, son montant de......... aurait dû nous nous parvenir au plus tard le........... Sauf erreur ou omission de notre part, cette somme ne nous a pas encore été réglée à ce jour.

En conséquence, nous vous serions reconnaissants de nous faire parvenir le montant correspondant par tous moyens à votre convenance.

Veuillez agréer, Madame, Monsieur, nos salutations distinguées.

Troisième lettre de rappel – Proposition de lettre ou e-lettre et e-mail

Madame, Monsieur,

Malgré nos précédents rappels, vous ne vous êtes pas acquittés du montant de notre facture n°...... de........, échue le......... dernier.

Nous vous demandons par conséquent de nous adresser sous 48 heures votre paiement en règlement de cette facture. Passé ce délai, nous nous verrons contraints de poursuivre par voie judiciaire le recouvrement de notre créance.

Agréez, Madame, Monsieur, nos salutations distinguées.

Formules types autour du règlement

Le fournisseur demande le règlement

Lettre ou e-lettre et e-mail

Nous vous demandons de bien vouloir trouver ci-joint notre relevé de facture n°.................. Vous constaterez que nous avons déduit de son montant l'escompte accordé pour tout achat supérieur à...............

Demande de report d'échéance du client

Lettre ou e-lettre et e-mail

- Nous avons bien reçu votre livraison consécutive à notre commande du…… ainsi que la facture correspondante. Nous sommes cependant au regret de vous informer qu'il ne nous sera pas possible de vous en verser le montant à la fin de ce mois, comme nous en étions convenus.

- Nous regrettons de vous informer qu'il ne nous sera pas possible d'assurer le paiement de la traite émise au………… en règlement de votre facture n°………. Vous nous obligeriez en acceptant de proroger exceptionnellement ce paiement.

- Le……………… vient à échéance la lettre de change de………. que nous avons acceptée en règlement de votre livraison du……… Or, nous nous voyons contraints d'avoir recours à votre bienveillance au sujet du paiement de cette échéance. En effet,…

Acceptation du report d'échéance du fournisseur

LETTRE OU E-LETTRE	E-MAIL
• Par votre lettre du……………, vous nous faites connaître qu'il ne vous sera pas possible de faire face à l'échéance de la traite d'un montant de…………, acceptée par vous en règlement des factures n°………et n°………	• Par votre lettre du……………, vous nous informez de votre impossibilité à payer l'échéance de la traite d'un montant de…………, acceptée par vous en règlement des factures n°………et n°………
• Nous prenons connaissance de votre lettre du………… par laquelle vous nous demandez de bien vouloir reporter l'échéance de notre traite prévue le…………… au…………… . En raison du caractère exceptionnel de votre demande et compte tenu de la parfaite régularité de vos règlements antérieurs, nous acceptons de vous donner satisfaction.	• Nous faisons suite à notre communication téléphonique du………… par laquelle vous nous demandez de bien vouloir reporter l'échéance de notre traite prévue le…………… Nous avons le plaisir de vous informer qu'il nous est possible de vous donner exceptionnellement satisfaction.

Lettre ou e-lettre	E-mail
• Nous accusons réception de votre lettre du......... nous demandant de proroger l'échéance.................. Or, il nous est possible, exceptionnellement, de vous donner notre accord (d'accepter votre demande).	• Par votre mail du... vous nous demandez de proroger votre échéance.................. . En raison de nos excellentes relations antérieures, nous tenons à vous préciser que nous acceptons votre demande.

Refus de report d'échéance du fournisseur

Lettre ou e-lettre et e-mail

- •Vous nous signalez, par votre lettre du.................., qu'il vous sera difficile de régler la lettre de change, d'un montant de............... payable à la fin de ce mois. Or, nous avons le regret de vous informer que nous ne pouvons différer le paiement de votre échéance.

- •Nous avons bien reçu votre lettre du................ par laquelle vous nous demandez de proroger de.............. l'échéance de notre traite de.....

- •Malgré notre souhait de vous donner satisfaction, nous ne pouvons reporter à une date ultérieure votre échéance.

Rappel de règlement par le fournisseur

Lettre ou e-lettre et e-mail

- •Nous sommes surpris du silence que vous opposez à nos courriers réitérés des.........., concernant le solde débiteur de notre facture n°..........

- Sauf erreur ou omission de notre part, le règlement que vous réclamait notre dernière lettre ne nous est pas parvenu à ce jour.

- En procédant à la vérification de nos écritures, nous constatons que votre compte reste débiteur de………. .

- Nous nous permettons de vous signaler que notre facture est restée jusqu'à ce jour impayée.

- Procédant à la régularisation de nos écritures, nous constatons que votre facture du………. n'a pas encore été réglée.

- Le………. vous nous avez adressé une commande de…………………… que vous deviez régler au plus tard le………. . Or, à ce jour, nous n'avons toujours rien reçu. Nous espérons qu'il s'agit d'un simple oubli de votre part.

- Nous constatons avec regret que nos lettres du………. et du………. sont restées sans réponse de votre part. Nous vous exprimons notre étonnement face à ce manque de respect de vos engagements. En effet, il n'a pu vous échapper, ainsi que nous le précisions dans ces documents, que notre facture du………………… n'a pas été soldée.

- Malgré nos précédentes lettres de rappel, vous ne vous êtes pas encore acquitté(s) à ce jour du montant de notre facture n°………. du………., échue le………. . Nous vous prions donc de vouloir bien nous adresser, par retour du courrier, un chèque en couverture de celle-ci.

Bien vouloir ou vouloir bien ?

L'expression bien vouloir est la plus courante. L'expression « vouloir bien » est réservée aux situations d'ordre très impératif. Faites attention à ne pas l'utiliser en vous adressant à un supérieur hiérarchique ou dans une situation où vous ne voudriez pas manifester un ton très sec.

Autour de l'erreur de facturation

Le client constate une erreur de facturation – Lettre ou e-lettre et e-mail

- Nous vous rappelons votre lettre du......... nous accordant, à titre exceptionnel, un.............. . Or, vous n'en avez pas tenu compte en établissant votre facture. Vous avez, en effet, facturé...........au lieu de.............
- Lors de la vérification de nos écritures, nous avons constaté l'erreur suivante : vous avez facturé........... au lieu de............ .
- Votre lettre du............ nous adressant notre relevé de compte nous est bien parvenue. D'après nos correspondances antérieures, il était convenu que vous nous accorderiez un escompte de.............. et que toutes vos factures seraient payables.......................
- Nous vous informons que votre facture n°............ se rapportant à la livraison du............ contient une erreur de................. à notre préjudice. Vous avez en effet facturé l'article n°............. à............... au lieu de.................. .

Le fournisseur répond – Lettre ou e-lettre et e-mail

- Notre service comptable a pris connaissance de votre réclamation. Après vérification de nos écritures, nous reconnaissons en effet le bien-fondé de votre réclamation et annulons notre facture n°............... .
- Nous recevons votre lettre du.................. relative au paiement de notre facture n°.................... du................... Une erreur a en effet été commise dans le libellé de celle-ci : son montant est bien payable en deux fractions égales.

À RETENIR

- La demande de règlement est généralement brève pour manifester son mécontentement par un ton sec tant par lettre, e-lettre ou e-mail, selon le choix adopté. La différence tient à la formule pré-finale et au choix de la formule de politesse qui varient selon la relation de proximité ou non avec le destinataire.

- Les formules types doivent vous permettre d'ajuster au mieux, sans perte de temps, le message que vous souhaitez transmettre qui, dans ce champ de communication, est généralement plus sec, voire très sec dans les moments de relance.

RÉUSSIR SA LETTRE OU SON E-LETTRE DE MOTIVATION

La lettre de motivation doit avoir de la tenue. Il faut y parler de vous, mais sans oublier de manifester un intérêt pour la structure dans laquelle vous avez choisi d'assumer un poste potentiel ou d'effectuer un stage. Vous vous devez de trouver le juste équilibre entre la mise en valeur des points forts de votre CV et les besoins potentiels de l'entreprise ou de l'administration dans laquelle vous postulez. Il s'agit avant tout de susciter l'intérêt et d'obtenir un entretien. Les textes doivent par conséquent être à chaque fois personnalisés. Aussi, même si des modèles vous sont proposés dans cette fiche, il sera intéressant de seulement vous en inspirer, en vous appuyant sur les phrases types proposées pour les repenser en fonction de votre besoin personnel.

Les annonces d'offre d'emploi se trouvent désormais sur la toile :

▶ soit vous les trouvez sur des sites dédiés aux offres d'emploi comme Pôle emploi, APEC, Indeed, Leboncoin, Monster, Cadremploi… (sélectionnez alors le site qui correspond à votre profil) ;

▶ soit vous les consultez sur les sites des entreprises par le biais d'une case dédiée : *Recrutement, Venez nous rejoindre, Ressources humaines, Contact…*

Si ces sites proposent déjà un canevas pour présenter une candidature, ils demandent aussi, soit au premier contact, soit au deuxième contact, une lettre de motivation à joindre par courrier électronique. La lettre de motivation se transforme donc en e-lettre qui conserve les mêmes caractéristiques que la lettre traditionnelle.

Différentes propositions pour exprimer sa motivation

Proposition de lettre, e-lettre ou e-mail de candidature pour un poste

Le texte suivant se présente comme un document modèle, modulable au gré de vos besoins.

Madame, Monsieur,

L'annonce parue en ligne le..............., sous la référence.................., a particulièrement retenu mon attention. En effet, le poste de.............. à pourvoir dans votre entreprise semble correspondre à mon expérience et à mes aspirations professionnelles.

À la lecture de mon curriculum vitæ ci-joint, vous pourrez constater que j'ai occupé des postes similaires. J'ai pu ainsi acquérir depuis ces dernières années une certaine autonomie, l'expérience de......... avec la clientèle et développer mon sens des relations humaines avec........

Ma dernière activité m'a permis en outre d'approfondir mes connaissances en............... De plus, j'ai suivi différents stages de..... dans le cadre de la formation continue.

Si ma candidature correspond aux besoins du poste, je me tiens à votre entière disposition pour tous renseignements complémentaires et pour un éventuel entretien.

Je vous prie de recevoir, Madame, Monsieur, mes respectueuses salutations.

Exemple complet de lettre, e-lettre de candidature pour un stage

L'exemple ci-dessous, conçu par une étudiante de master, Marion Ruhemann, est restitué cette fois en l'état, et non plus en proposition type, afin de vous permettre, si vous êtes étudiant(e), de mieux cerner la teneur d'une réelle lettre de motivation. Il s'agit, bien sûr, de vous en inspirer pour créer la vôtre.

Objet : Candidature pour un stage

Pièce jointe : Curriculum vitae

Madame, Monsieur,

Étudiante en première année de Master de Droit international et européen des affaires à l'Université Paris-Saclay, je souhaiterais effectuer un stage dans votre entreprise pour mettre en pratique mes acquis en droit des affaires. Un contact opérationnel avec vos équipes me permettrait en effet d'acquérir une expérience précieuse pour m'insérer sous peu dans le monde professionnel.

Mon projet est de devenir avocate, spécialisée en droit des affaires. Or, les domaines d'activité de votre cabinet correspondent parfaitement à mes objectifs professionnels et sont très proches des sujets traités lors de mon cursus universitaire. Ainsi, dans ce cadre, participer au travail quotidien de vos collaborateurs m'offrirait l'opportunité de découvrir concrètement les nombreuses exigences de ce métier.

Au cours de ces années de formation, j'ai pu prouver que rigueur, dynamisme et réactivité sont des points forts susceptibles de me décrire en quelques mots. J'estime posséder de plus un certain sens du relationnel et de l'écoute qui me permet de m'intégrer facilement au travail d'une équipe.

Mon cursus universitaire, en France et aux USA, m'a permis par ailleurs de développer une ouverture à l'international et une bonne méthodologie d'apprentissage et de recherche. Par conséquent, mes connaissances en droit des affaires, ma fluidité en anglais et américain, associées à mes compétences humaines, pourraient vous permettre de me confier rapidement des missions en pleine autonomie.

J'espère avoir su retenir votre attention et vous démontrer ma motivation à vous apporter une collaboration véritablement utile. Si ma candidature vous intéresse, je serai en mesure d'effectuer un stage non conventionné entre le 1er juin et le 31 août 2019.

Je reste à votre disposition pour toutes informations complémentaires et pour un éventuel entretien afin de vous permettre de mieux cerner ma personnalité au regard de vos attentes.

Veuillez recevoir, Madame, Monsieur, l'expression de mes respectueuses salutations.

N'oubliez pas de bien remplir l'objet avec précision au cas où la lettre serait détachée pour réaliser la sélection. Si la société propose plusieurs postes, il est préférable que celle-ci ne soit pas égarée : l'objet mentionnant le nom du poste et sa référence se révèleront pertinents.

Propositions de phrases à adapter à votre besoin spécifique

Pour personnaliser votre lettre de motivation, choisissez parmi les phrases ci-après celles qui conviennent le mieux à votre profil.

Votre proposition de candidature

- Votre proposition paraît correspondre à la fonction que je souhaite occuper et je crois répondre aux conditions demandées.
- Je pense correspondre au profil de...... que vous recherchez. Je me permets donc de solliciter l'emploi actuellement vacant au sein de votre service.
- Le poste proposé m'attire tout particulièrement, car il offre l'opportunité de nombreux contacts humains.
- Je cherche un poste à responsabilités. En effet, toute évolution de carrière est exclue au sein de mon entreprise actuelle.
- Je cherche actuellement un emploi susceptible de développer mes compétences.
- Le poste que j'occupe actuellement ne m'offre plus la possibilité d'une évolution intéressante. Il m'a pourtant permis d'acquérir une expérience certaine en tant que............
- Je cherche à coopérer au sein d'une équipe afin de développer d'autres compétences.

Votre curriculum vitæ

- Le curriculum vitæ ci-joint vous permettra de prendre connaissance de mes qualifications professionnelles.
- À la lecture de mon curriculum vitæ, vous pourrez constater que j'ai occupé des postes similaires.

- Comme vous pourrez le constater à la lecture de mon curriculum vitæ, j'ai acquis…. ans d'expérience dans la fonction de……….
- À cette fin, veuillez trouver ci-joint mon curriculum vitæ détaillant mes responsabilités dans le cadre d'une………….
- Le curriculum vitæ ci-joint vous donnera de plus amples précisions me concernant.
- Je vous adresse ci-joint mon curriculum vitæ. Si celui-ci retient votre attention, je suis à votre entière disposition pour vous rencontrer afin de vous permettre de mieux cerner mon profil.

Votre formation

- Ma formation m'a permis d'acquérir des bases solides en…… et j'ai pu les compléter par une expérience pratique lors d'un stage en entreprise.
- En ce qui concerne les notions de…………. que vous demandez, je vous précise que j'ai suivi une formation d'initiation à………….. La possibilité de pratiquer ce nouvel acquis dans votre service…………. m'intéresse tout particulièrement.
- De surcroît, la formation très complète de…………. que j'ai reçue m'a permis d'enrichir et d'approfondir mes connaissances en…
- Par cette formation, je pense pouvoir m'adapter sans difficultés aux aspects techniques de votre secteur d'activité.

Votre expérience professionnelle

- Ma dernière activité m'a permis d'approfondir mes connaissances en……….
- Le secteur dans lequel j'ai évolué était particulièrement dynamique et m'a permis de développer mon sens des responsabilités.
- Dans l'emploi précédent, j'assumais au sein du service les responsabilités suivantes :………….
- De surcroît, j'ai travaillé dans un secteur dynamique et possède le sens des responsabilités.
- J'ai donc acquis une expérience certaine dans l'exercice de ma profession.
- Actuellement, mon objectif est d'utiliser le plus longtemps possible mes capacités au sein de la vie active. Plusieurs éléments me motivent: le cadre de vie dynamique dans lequel j'évolue et mes charges familiales.

- Aujourd'hui, j'ai choisi de m'orienter vers une branche qui m'a toujours attiré(e) : le……………………
- À cet effet, j'ai suivi une formation de…………… Cette orientation sera une source d'enrichissement et d'épanouissement, car j'apprécie particulièrement les contacts avec la clientèle.
- Après avoir exercé avec succès le métier de……, j'aimerais maintenant m'orienter vers un secteur………….. De plus, le contact avec de nouvelles responsabilités me séduit tout particulièrement.
- Ces expériences ont confirmé ma capacité d'adaptation à des situations nouvelles et mes compétences dans le domaine de…………
- Je suis prêt(e) à étudier toute proposition qui me permettrait, d'une part, d'utiliser mes compétences et, d'autre part, de développer d'autres aptitudes.

Formules de conclusion

- J'espère que vous voudrez bien prendre en considération ma candidature.
- Je reste à votre entière disposition pour tous renseignements complémentaires et pour un éventuel entretien au cours duquel vous pourrez mieux cerner mon profil professionnel.
- Je souhaite avoir retenu votre attention et vous remercie de la suite que vous voudrez bien donner à mon offre de candidature.
- Dans l'hypothèse où ma candidature répondrait à vos besoins, je me tiens à votre entière disposition pour tout renseignement qu'il vous plairait de me demander et pour un éventuel entretien.
- J'espère que ma candidature sera susceptible de vous intéresser et vous remercie, par avance, de votre réponse.
- Je souhaite vivement que ma candidature retienne votre attention.

À RETENIR

- Donnez un ton très personnel à votre lettre de motivation en puisant dans les formules types et en agençant ensuite le texte selon vos besoins.

- Créez des textes sur un ton toujours déférent, car le style trop direct peut, dans cette situation, être mal perçu par son manque de forme.

BIEN CONCLURE LETTRE, E-LETTRE OU E-MAIL

Conclure un e-mail, e-lettre ou une lettre fait partie d'un des moments essentiels de leur rédaction. La formule pré-finale, transition entre le corps du texte et la formule de politesse, permet d'établir un contact plus humain avec le destinataire et offre la possibilité de nuancer la pensée, et par conséquent le ton. C'est en fait la réelle conclusion d'une e-lettre, lettre ou d'un e-mail. Le corps du texte expose, auparavant, les faits, exprime les demandes ou établit le préjudice. La formule pré-finale résume la pensée du rédacteur (souhait, regret…) et donne au message un style plus personnel.

Choisir une formule pré-finale

Les phrases suivantes sont des suggestions qui pourront vous permettre de gagner du temps en vous permettant de trouver rapidement le ton le plus juste dans le cas que vous serez en train de traiter.

Le client demande des renseignements

Lettres et e-lettres	E-mails
• Nous espérons qu'il vous sera possible de nous faire une offre intéressante. Au cas où celle-ci serait retenue, d'autres commandes pourraient vous être adressées.	• Nous attendons votre proposition.
• Il nous serait très agréable de connaître dans les meilleurs délais vos conditions de vente.	• Nous vous remercions de nous répondre dès que possible.
• Nous vous remercions de la rapidité avec laquelle vous voudrez bien nous transmettre ces renseignements.	• Il nous serait agréable de connaître rapidement vos prix et conditions.
• Nous comptons sur votre efficacité pour nous faire parvenir ces renseignements dans les plus brefs délais.	• Nous vous remercions de la rapidité de votre réponse.
	• Nous comptons sur votre réponse par retour.
	• Nous attendons, avec plaisir, votre confirmation.

Le fournisseur répond à la demande de renseignements

LETTRES ET E-LETTRES	E-MAILS
• D'ores et déjà, nous pouvons vous garantir que nous mettrons tout en œuvre pour vous donner entière satisfaction. Nous restons par ailleurs à votre disposition pour vous fournir tous renseignements complémentaires.	• Nous mettrons tout en œuvre pour vous donner entière satisfaction.
• Nous restons à votre disposition et pouvons vous assurer que vos ordres feront l'objet de nos soins attentifs.	• Nous restons à votre disposition.
• Si, comme nous l'espérons, cette offre reçoit votre agrément, nous vous prions de bien vouloir nous en informer dans les meilleurs délais.	• Nous restons à votre entière disposition.
• Une confirmation rapide de votre part nous permettrait de prendre, sans retard, les dispositions nécessaires et de pouvoir, ainsi, vous donner satisfaction pour la date que vous indiquez.	• Nous nous tenons à votre disposition.
• Il serait souhaitable que vous puissiez nous faire connaître très rapidement votre décision.	• Nous vous prions de nous informer de la suite que vous donnerez à notre proposition.
• Nous nous tenons à votre disposition pour toute remarque éventuelle ou pour tout renseignement complémentaire.	• Nous attendons votre confirmation afin de vous donner satisfaction dans les meilleurs délais.
• Vos commandes seront toujours exécutées avec l'intention de vous donner entière satisfaction.	• Nous attendons, par retour, votre décision.
	• Nous restons à votre disposition pour d'éventuelles remarques.
	• Nous espérons ainsi vous donner satisfaction.

Le fournisseur ne peut répondre favorablement à la demande

LETTRES ET E-LETTRES	E-MAILS
• Nous aurions souhaité donner une réponse affirmative à votre demande.	• Nous regrettons de ne pouvoir vous apporter une réponse positive à ce sujet.
• Nous regrettons donc de ne pouvoir, en cette affaire, accéder à votre demande.	• Nous regrettons de ne pouvoir répondre à votre attente.
• Nous vous exprimons encore une fois nos regrets de n'avoir pu, en l'occurrence, vous donner pleine satisfaction.	• Veuillez nous excuser de ne pas être en mesure de vous satisfaire.

Le client rappelle ses engagements au fournisseur

LETTRES ET E-LETTRES	E-MAILS
• Nous espérons une prompte intervention de vos services. • Nous sommes donc surpris de ne pas avoir de réponse à notre demande. Nous nous permettons de vous la rappeler et espérons que vous lui donnerez suite. • Il est évident que nous ne saurions admettre le renouvellement d'un tel fait et vous prions de bien vouloir désormais contrôler très strictement vos produits. • Par ailleurs, nous formulons l'espoir qu'à l'avenir, vos engagements seront tenus ponctuellement. • Nous comptons sur votre efficacité pour régler cette affaire dans les plus brefs délais.	• Nous espérions une rapide intervention de votre part (de vos services). • Nous espérons que vous tiendrez, à l'avenir, vos engagements. • Nous comptons sur votre efficacité.

Le fournisseur présente des excuses au client

LETTRES ET E-LETTRES	E-MAILS
• Vous voudrez bien nous excuser de ce retard exceptionnel qui, nous l'espérons, ne vous causera pas de difficultés de gestion. • Nous espérons que vous ne nous tiendrez pas rigueur de ce contretemps et veillerons désormais à ce que de tels faits ne se renouvellent pas. • Nous regrettons ce malentendu et souhaitons que ce retard ne vous porte pas préjudice auprès de votre client. • Nous souhaitons que cet incident n'affecte pas nos bonnes relations commerciales. • Nous souhaitons que cet incident n'altère pas nos relations d'affaires. • Nous nous engageons à ce que, désormais, vous n'ayez plus à subir de tels contretemps. • Nous vous renouvelons nos excuses pour cet incident indépendant de notre volonté.	• Vous voudrez bien nous excuser de ce retard. • Nous vous prions de nous excuser de ce contretemps. • Nous vous prions d'accepter nos excuses pour cette négligence/cette omission/cette erreur/ce retard, indépendant(e) de notre volonté. • Veuillez nous excuser de ce contretemps, indépendant de notre volonté. • Nous souhaitons conserver votre confiance. • Nous vous prions de nous excuser pour cette attente, indépendante de notre volonté.

À RETENIR

- Ne négligez pas la formule pré-finale, car elle est essentielle pour établir un lien avec le destinataire et pour nuancer le ton, surtout dans les situations délicates où il faut apaiser, rassurer ou s'excuser.

- Choisissez avec beaucoup d'attention la formule pré-finale car elle permet d'introduire un moment plus humain dans un texte factuel.

- N'insérez pas constamment la même formule pré-finale afin de donner une nuance personnalisée à chaque e-mail, lettre ou e-lettre.

SAVOIR ADAPTER SA FORMULE DE POLITESSE

Les formules de politesse connaissent une véritable transformation sous l'influence des nouveaux moyens de communication qui ont apporté une forme moderne aux relations professionnelles par le biais des e-mails mais aussi sous influence anglo-saxonne, pays où les formules sont plus directes. Dans la correspondance d'affaires, il semble que ce soit plutôt les habitudes de l'entreprise qui l'emportent et conduisent les rédacteurs à en respecter les codes. En ce qui concerne les formules de politesse des e-mails et des e-lettres, elles sont peu formelles et comportent un texte généralement plus bref que les lettres traditionnelles.

Les formules de politesse professionnelles

Quels sont les principes qui régissent les formules de politesse professionnelles ? En fait, dans la correspondance professionnelle courante, seul le niveau de déférence souhaité permet d'établir un choix, et cela dans une certaine liberté. Ce sont les circonstances ou bien le fait de connaître ou non le destinataire qui imposent le ton de la formule finale : regrets, réclamations, commandes…

Les formules traditionnelles, qui correspondaient à la pyramide hiérarchique des entreprises, avaient suivi une hiérarchie parallèle selon le schéma suivant : d'égal à égal, d'un supérieur hiérarchique à un inférieur hiérarchique, d'un inférieur hiérarchique à un supérieur hiérarchique, d'un homme à une femme, d'une femme à un homme, d'une femme à une femme. Ce cadre appartient désormais à un autre temps avec le développement des start-up, des méthodes Lean et du travail collaboratif en projet où les relations plus directes font partie de la nouvelle ère. De même, quand une femme n'adressait traditionnellement pas de sentiments à un homme, elle se devait d'éliminer de toute formule de politesse le mot « sentiments ». Or, de nos jours, la parité entre hommes et femmes a rendu progressivement caduc un tel usage.

Dans les tableaux suivants, nous vous proposons, d'un côté, des formules traditionnelles placées autour des mots *salutations, sentiments* et *considération* et, de l'autre, les formules de politesse habituellement insérées dans les e-lettres et e-mails.

Les formules traditionnelles et actuelles

Le tableau suivant répertorie les formules classiques, perçues comme très déférentes, et les nouvelles formules plus directes.

LES FORMULES DE POLITESSE TRADITIONNELLES	LES FORMULES DE POLITESSE ACTUELLES
Les formules autour du mot *salutations* • *Nous vous prions d'agréer, Madame, Monsieur, nos salutations distinguées.* • *Nous vous adressons, Madame, Monsieur, nos salutations distinguées.* • *Veuillez recevoir, Madame, Monsieur, nos salutations distinguées.* • *Nous vous prions d'agréer, Monsieur, nos respectueuses salutations.* • *Nous vous prions d'agréer, Monsieur, l'assurance de nos salutations distinguées.*	• *Cordialement,* • *Bien cordialement,* • *Très cordialement,* • *Bien à vous,* • *Sincères salutations,* • *Respectueusement,* • *Très respectueusement,*
Les formules autour du mot *sentiments* • *Veuillez agréer, Madame, Monsieur, l'assurance de nos meilleurs sentiments.* • *Nous vous prions d'agréer, Monsieur, nos sentiments respectueux et dévoués.* • *Nous vous prions de croire, Monsieur, à l'expression de nos sentiments respectueux (les plus dévoués).* • *Veuillez recevoir, Madame, nos sentiments respectueux.* • *Je vous prie de croire, Madame, à l'expression de mes sentiments respectueux.* • *Je vous prie d'agréer, Madame, l'expression de mes sentiments respectueux.* • *Veuillez recevoir, Madame, mes sentiments distingués.*	**Dans des relations à caractère très personnel** • *Amicalement,* • *Mes amitiés,* • *Amitiés,* • *Sincèrement,* • *Bien à toi,*
Un exemple de formule du mot *considération* • *Veuillez agréer, Madame, Monsieur, l'assurance de notre parfaite considération.*	

 *Les formules de politesse comportent une virgule après « Madame, » ou « Monsieur, ». Dans les e-mails ou e-lettres, la brève formule de politesse est suivie d'une virgule qui introduit au-dessus la signature.*

Les erreurs à éviter quand on utilise des formules traditionnelles

Le tableau suivant répertorie tous les codes des termes employés dans les formules classiques, de moins en moins connus des rédacteurs actuels.

Les codes traditionnels

Traditionnellement on emploie			Traditionnellement on n'emploie pas		
Les verbes	adresser agréer recevoir	+ salutations	Le verbe Le mot	*Exprimer expression*	avec salutations
Le verbe *agréer* avec *sentiments*			Les verbes	*accepter recevoir*	avec sentiments
Le verbe *assurer* +	*sentiments considération dévouement*		Les mots	*dévouées empressées*	avec salutations

Si vous souhaitez diversifier vos formules de politesse, vous pouvez bien sûr le faire. Vous devez, cependant, suivre les conseils suivants :

▸ si l'on supprime les termes « *l'expression* » ou « *l'assurance* », ce n'est pas incorrect, c'est seulement moins déférent ;

▸ le terme « *l'expression* » est répertorié comme moins déférent que « *l'assurance* ».

 *Si vous enchaînez la formule de conclusion et la formule de politesse, vous devez respecter la concordance des sujets. Ainsi, dans la première phrase, n'écrivez pas par erreur :*

En vous priant de **m'excuser** pour cette erreur, **veuillez** agréer…

↓   ↓

1ʳᵉ pers. du singulier   *2ᵉ pers. du pluriel*

Cette phrase possède donc deux sujets différents : l'un sous-entendu, l'autre exprimé. Il s'agit, dans ce cas, d'une incorrection grammaticale.

Il en est de même dans la phrase suivante :

Vous renouvelant mes excuses, veuillez agréer…

Il serait préférable d'écrire :

Avec toutes mes excuses, je vous prie d'agréer…

↓   ↓

1ʳᵉ pers. du singulier   *1ʳᵉ pers. du singulier*

À RETENIR

- La formule de politesse traditionnelle est à utiliser pour les échanges à caractère officiel.

- Les formules simplifiées sont plus fréquentes dans les e-lettres et e-mails.

- Quand une lettre est envoyée en pièce jointe, c'est la forme de politesse traditionnelle qui prime généralement.

ÉCRIRE À UNE ADMINISTRATION

La correspondance administrative suit encore des règles bien établies. Le sens hiérarchique, la déférence, la politesse, la volonté d'objectivité donnent le ton des échanges. Le titre et la fonction ne sont jamais omis. Dès l'en-tête du mail ou de la lettre, la position hiérarchique du destinataire est mise en exergue. Que ce soit une entreprise ou un particulier, les motifs de s'adresser à une administration sont pléthores : conventions, agréments, impôts, requêtes diverses auprès d'une administration, d'un maire, voire d'un ministre. Afin d'éviter toute maladresse, nous vous proposons ci-après de manière concise les principes de l'administration en matière de formules types.

La correspondance avec les administrations subit actuellement de grandes modifications en raison de la dématérialisation des documents, procédures… complètement effective d'ici peu. Mais, déjà, de nombreuses administrations correspondent par le biais de leur site avec leurs administrés pour les affaires courantes. Ainsi, améli, la Cnav, les impôts… demandent aux usagers de s'adresser à elles dans un encadré dédié, appelé « message », pour toutes demandes, réclamations…

Ne pas confondre lettre en forme personnelle et lettre en forme administrative

La lettre en forme personnelle est utilisée dans les communications avec les administrés, les sociétés et les fournisseurs : elle introduit une formule d'appel (Monsieur, Madame) et une formule de politesse.

La lettre en forme administrative est destinée aux échanges entre services ou avec d'autres administrations : elle se présente sans formule d'appel et sans formule de politesse.

Exemple de lettre en forme personnelle

Madame la Conseillère culturelle,

Je me permets de vous présenter un projet d'exposition sur le thème de «l'art numérique» qui devrait rassembler notamment des artistes internationaux en octobre 2020, pour une durée d'un mois. J'aurais voulu savoir si, dans le cadre du ministère de la Culture, une telle exposition serait susceptible d'obtenir votre partenariat au sein d'un dispositif actuellement mis en place à l'attention de la jeunesse. Cette exposition devrait en effet attirer un public jeune en raison de l'intérêt porté par la jeunesse aux jeux vidéo et aux films de science-fiction.

À ce jour, nous avons obtenu le soutien de trois villes d'où sont issus les artistes (Tokyo, Hong-Kong et New York). Ces municipalités se chargeraient des frais de logistique, de transport des œuvres et de leur installation.

Aussi, pour mener à bien ce projet, nous aurions besoin, à titre gracieux, de locaux, de matériel multimédia et d'éclairages pour mettre en valeur les œuvres. Cette exposition de 300 œuvres nécessiterait un espace de 300 mètres carrés.

Nous avons l'intention de réaliser, à notre charge, des dépliants et des affiches sur lesquels nous pourrions apposer votre logo.

Afin de vous permettre de mieux saisir l'intérêt de ce projet et d'éventuellement y participer, nous joignons à cette lettre une brochure contenant les reproductions de quelques œuvres significatives.

Nous espérons que notre requête retiendra votre attention et nous tenons à votre disposition pour tout complément d'information que vous souhaiteriez obtenir.

Nous vous prions d'agréer, Madame la Conseillère culturelle, nos salutations distinguées.

L'obligation de réponse de l'administration
Toute lettre adressée à une administration doit obtenir une réponse dans un délai correct. C'est, certes, une question de politesse, mais c'est aussi une obligation de service public. Une administration et ses représentants peuvent être sanctionnés pour une absence de réponse ou pour toute réponse trop tardive. D'ailleurs, une non-réponse d'un délai de deux mois vaut acceptation.

Les règles à respecter

La formule d'appel et les titres de personnalité

Dans la formule d'appel comme dans la formule de politesse, on doit donner son titre à une personnalité. De plus, une majuscule est apposée au titre, précédé de « Monsieur » ou de « Madame », si la personnalité est une femme.

Les titres de personnalité ou fonctions

Monsieur le Président de la République,
Monsieur le Premier ministre,/Madame la Première ministre,
Monsieur le Garde des Sceaux, (titre donné au ministre de la Justice)/
Madame la Garde des Sceaux
Monsieur le Sénateur,/Madame la Sénatrice,
Monsieur le Député,/Madame la Députée,
Monsieur le Conseiller général,/Madame la Conseillère générale,
Monsieur le Conseiller régional,/Madame la Conseillère régionale,
Monsieur le Maire,/Madame la Maire,
Monsieur le Maire adjoint,/Madame la Maire adjointe,
Monsieur le Conseiller municipal,/Madame la Conseillère municipale,
Monsieur l'Inspecteur/Madame l'Inspectrice,

Pour un établissement scolaire

Lycée	Collège	École
Monsieur le Proviseur, Madame la Proviseur,	Monsieur le Principal, Madame la Principale	Monsieur le Directeur, Madame la Directrice,

La féminisation des noms de métiers, fonctions, grades ou titres

Les titres sont officiellement féminisés. Sans indication préalable, il convient d'utiliser le « féminin » officiel. Toutefois, lorsqu'elle est connue, il convient toujours d'adopter la formulation retenue par le destinataire car celui-ci peut préférer l'intitulé invariable antérieur.

« Les textes qui désignent la personne titulaire de la fonction en cause doivent être accordés au genre de cette personne. » Extrait de la circulaire du 21 novembre 2017

Les formules introductives

Première lettre en situation très déférente

J'ai l'honneur de soumettre à votre approbation les propositions............
J'ai l'honneur d'appeler votre attention sur................
J'ai l'honneur de vous informer de................
J'ai l'honneur de vous faire connaître que................
J'ai l'honneur de solliciter de votre bienveillance l'autorisation de..........
J'ai l'honneur d'accuser réception de votre lettre.......... relative à.........

Réponse à une lettre courante

Vous avez appelé mon attention sur................
Par lettre du..........., vous m'avez saisi(e) du problème..............
Par lettre référencée ci-dessus, vous avez bien voulu appeler mon attention sur...........................
Vous avez bien voulu m'informer de..............

 *Pour débuter une lettre, e-lettre ou e-mail, vous pouvez utiliser les verbes suivants :*

J'appelle l'attention de… Je vous serais reconnaissant de… Je vous fais savoir… Je vous prie de bien vouloir… Je propose de… Je vous rends compte de… Je me permets de… Je sollicite…. Je soumets à votre approbation… Je suggère….

Les formules de politesse

Nous avons classé les formules de politesse suivantes, très classiques, selon leur degré de courtoisie.

Très courtois

Je vous prie d'agréer, Monsieur (ou Madame) + le titre, l'hommage de mon respectueux dévouement.

Je vous prie d'agréer,…………., mon respectueux dévouement.

Je vous prie d'agréer,…………, les assurances de ma haute considération.

Veuillez agréer, Madame, l'hommage de mon profond respect.

Courtois

Je vous prie d'agréer, Madame, Monsieur, mes salutations distinguées.

Je vous prie d'agréer,…………., mes salutations distinguées

Je vous prie d'agréer,…………., l'assurance de mes sentiments respectueux.

Veuillez agréer,…………, l'expression de mes sentiments dévoués.

À RETENIR

- Distinguez bien deux situations d'écriture en situation administrative : la lettre en forme administrative (sans formule d'appel et formule de politesse) et la lettre en forme personnelle, très proche d'une lettre courante d'entreprise.

- N'oubliez pas que le titre se retrouve dans l'en-tête et dans la formule de politesse finale quand la lettre est destinée à une personnalité.

- N'oubliez pas que les titres et fonctions sont désormais féminisés.

RESPECTER LES CODES DE LA LANGUE FRANÇAISE

APPOSER CORRECTEMENT POINTS ET VIRGULES

La ponctuation professionnelle renforce la logique du texte. Il s'agit en effet d'un moment important, négligé par beaucoup de rédacteurs qui ponctuent trop souvent à l'intuition. Cette fiche est centrée sur la bonne utilisation des points, des points virgules et des virgules. Or, leur emploi peut être codifié aisément car il s'agit d'une ponctuation très centrée sur le découpage grammatical de la phrase et sur la logique qui préside au sens. La bonne gestion des points et des virgules est donc un atout majeur pour renforcer la clarté de vos écrits. Appuyez-vous sur cette fiche pour éliminer toute erreur dans ce domaine et renforcer de manière visible la lisibilité de vos textes.

La ponctuation : un outil trop souvent négligé

La ponctuation est souvent ressentie comme un luxe réservé à ceux qui manient la langue de l'imprimé : journalistes ou écrivains. La plupart des gens limitent son emploi au point, à la virgule et aux deux points. Rares sont, en fait, les textes correctement ponctués.

Avant d'étudier le rôle de chaque signe, il faut tout d'abord remarquer la présence de deux moments de ponctuation :

▶ un moment où **la raison grammaticale** ou le sens contraint le rédacteur à ponctuer ;

▶ un moment où **l'expressivité personnelle** recherche des signes pour transmettre aux autres un rythme personnel d'ordre plus littéraire.

Dans la langue des affaires, seul le premier cas est véritablement utilisé. La volonté d'aborder la ponctuation dans une perspective professionnelle nous amène donc à n'envisager que la ponctuation strictement obligatoire. En effet, dans ces cas-là, l'absence ou la mauvaise gestion de la ponctuation seront perçues par le lecteur comme des maladresses et pourraient éventuellement entraîner une mauvaise interprétation du message. Par exemple :

Le fournisseur affirmait : « Le client n'a pas respecté ses engagements. »
Le fournisseur, affirmait le client, n'a pas respecté ses engagements.

Nous verrons même que certains usages de ponctuation sont une convention tacite, propre au langage professionnel. Les signes de ponctuation traités sur les fiches 17 et 18 sont au nombre de 11.

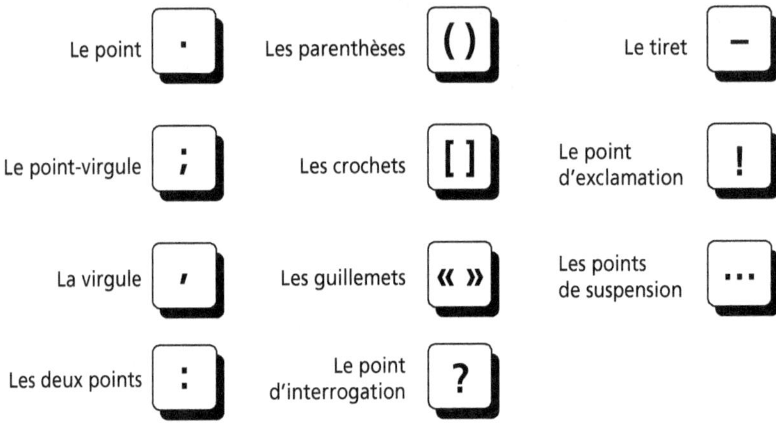

Observez comment utiliser points et virgules dans un e-mail

Monsieur,

Par votre votre e-mail du 13 mai dernier, vous nous signalez le retard de livraison de votre commande de 5 tables modèle Louisiane.

Après vérification, il s'avère que votre commande a bien été enregistrée. Toutefois, il vous a été indiqué, par la plate-forme téléphonique, un délai de livraison trop court. Ces articles hors-série réclament en effet un délai de fabrication de 3 semaines auquel il faut ajouter une semaine pour la livraison.

Vous devriez être livrés incessamment car ces meubles ont été confiés le 6 mai à notre transporteur (Les Transports Alta).

Veuillez nous excuser pour ce contretemps, indépendant de notre volonté.

Cordialement,

Le point

Mettez une seule idée par phrase.	*Afin d'éviter toute contestation de la part de nos clients, nous souhaiterions qu'à l'avenir les délais de livraison soient respectés.* ↳ Une seule idée, exprimée de manière complète.
Utilisez souvent le point dans le courrier, car plus votre phrase est courte, mieux elle est perçue. Or, l'objectif d'une lettre est d'abord de transmettre un message : la forme doit être correcte sans recherche littéraire.	*Votre réclamation a bien été enregistrée.* ↳ Une phrase qui dit l'essentiel du message sans aucun mot inutile.

N'oubliez pas d'insérer au moins un verbe conjugué dans la phrase. En effet, la phrase sans verbe conjugué n'est employée que dans les tableaux. L'oubli du verbe conjugué est fréquent quand la phrase ne débute pas par son sujet.
En insérant le sujet au début de la phrase, le risque est évité.

En réponse à votre e-mail du 5 janvier dernier concernant la non-livraison d'une commande de 50 litres de vin blanc réf. 564. Nous tenons à vous préciser…

↳ NON, oubli du verbe conjugué dans la première phrase.

Vous nous signalez, par votre e-mail du 5 janvier, la non-livraison de votre commande de 50 litres de vin blanc réf. 564.

↳ OUI, la lisibilité est forte quand le sujet et le verbe sont insérés rapidement.

Le point-virgule

Utilisez le point-virgule dans les phrases longues : il permet au lecteur de mieux saisir l'ensemble de l'idée exprimée. La pause est alors plus appuyée que celle de la virgule.
Il délimite, en quelque sorte, les parties de la phrase, elle-même souvent découpée en sous-parties par les virgules.

Notre société a été la première à produire des meubles métalliques ; notre longue expérience dans cette fabrication nous permet de livrer des meubles robustes, modernes et confortables, à des prix modérés.

Lorsqu'il s'agit de présenter par étapes une description, le point-virgule est très fréquemment utilisé, même dans les écrits professionnels. Il permet de hiérarchiser points-virgules (1 - 2 - 3) et virgules (explications ponctuelles).

Nous vous proposons la démarche suivante :
– effectuer, sous contrôle d'un expert, une analyse des besoins ;
– vérifier attentivement les résultats obtenus ;
– organiser, avec l'ensemble des acteurs, une réunion pour décider en collégialité la stratégie d'action.

En langage professionnel, nous pourrions parfois éprouver le besoin de décrire une situation, un problème, en hiérarchisant les pauses.

Ces articles, trop chers, ne sont pas bien conçus ; ils présentent des défauts de pliage ; ils ne répondent pas non plus très bien aux besoins de notre type de clientèle.

Il est possible de ne pas utiliser de verbe conjugué derrière un point-virgule. Il faut seulement que la première partie de la phrase en possède un.

*Nous **serions** heureux de vous envoyer toute documentation complémentaire concernant les modèles de notre catalogue ; **cela sans engagement de votre part.***

Ne mettez jamais de majuscule derrière un point-virgule.	.... *ces commandes;* **celles**-*ci ont*...............

Le point-virgule est cependant d'un usage souple. Il peut, en effet, toujours être remplacé par une virgule : dans ce cas, la pause est moins forte. C'est une question de choix personnel.	*Aucune disposition légale n'impose aux membres du directoire d'établir des procès-verbaux de leurs réunions et, a fortiori, de les transcrire sur un registre coté et paraphé; mais il est évident que, lors de certains événements importants jalonnant la vie de l'entreprise, des procès-verbaux pourront être indispensables.* ↳ OUI, usage du point-virgule *Aucune disposition légale n'impose aux membres du directoire d'établir des procès-verbaux de leurs réunions et, a fortiori, de les transcrire sur un registre coté et paraphé, mais il est évident que, lors de certains événements importants jalonnant la vie de l'entreprise, des procès-verbaux pourront être indispensables.* ↳ OUI, usage de la virgule À vous de choisir la virgule ou le point-virgule en sachant que, dans le 2e cas, les idées sont moins bien hiérarchisées car les virgules sont au même niveau que les points-virgules.

Les virgules

Il est possible de dégager des lois courantes d'utilisation des virgules en langage professionnel, car elles y ont une utilité soit strictement grammaticale, soit pour distinguer précisions et commentaires. Dans ce domaine, les virgules ne servent jamais à mettre en valeur des impressions, des sensations comme en littérature où le rédacteur peut les utiliser à sa guise.

L'inversion de la phrase

Le sujet apparaît presque toujours en premier dans les phrases de l'oral. Quand, à l'écrit, la phrase est inversée ou semi-inversée, il faut toujours mettre une virgule avant le sujet. Ce procédé favorise la lisibilité du texte.

Afin de vous permettre de fixer votre choix, nous avons conçu une brochure très complète comprenant nos divers produits.

L'incidente en milieu de phrase

L'incidente est fréquemment employée.

Elle permet :
- d'apporter une information complémentaire ou plus secondaire ;
- de donner une impression personnelle au sein d'une phrase ;
- d'insister ponctuellement sur un point particulier.

Nous avons transmis ce document, à sa demande, au service contentieux.

Il a, selon nous, peu de chances de réussir.

Vous vérifierez, en binôme, ces documents sensibles.

↳ On aurait pu ne pas mettre de virgules, mais en les insérant là où elles n'auraient pas dû être présentes, cela interpelle et met en valeur.

L'incidente en fin de phrase

L'incidente en fin de phrase permet d'apporter une information complémentaire, mais d'un degré secondaire par rapport au reste de la phrase. Elle est toujours précédée d'une virgule. Elle peut être introduite par un mot introductif tel que : après, car, comme, donc, mais...

Cependant, certaines incidentes n'ont pas de mot introductif. Seul le sens plus secondaire du texte nous guide au moment de ponctuer.

*Nous vous confirmons que nous acceptons vos conditions, **comme vous nous l'aviez proposé par téléphone**.*

*Nous vous enverrons deux de nos techniciens, **seuls compétents dans ce domaine**.*

> *Les virgules sont bien placées si, en supprimant l'élément de phrase entre virgules, la phrase reste d'une construction correcte :*
>
> Nous vous avons transmis, **par voie postale,** ces documents litigieux.
>
> Nous vous avons transmis ces documents litigieux.

La présence d'un pronom relatif

Les pronoms relatifs sont : qui – que – dont – où – lequel – à laquelle…

Il ne faut jamais séparer par une virgule le pronom relatif du nom qui le précède (antécédent)…	*Nous vous confirmons les termes de l'entretien que nous avons eu lors de notre conversation téléphonique.*
Sauf si ce pronom relatif introduit une incidente.	*La personne, dont nous vous avions déjà parlé, a été recrutée pour occuper ce poste.*

Le rapport sujet-verbe

Il ne faut pas séparer le groupe sujet de son verbe sauf en cas de précisions entre virgules.	*Votre formulaire présente une erreur de titre.* *Votre formulaire, transmis le 5 janvier dernier, présente une erreur de titre.*
En revanche, si le complément joue un rôle fondamental quant au sens du texte, il ne faut pas le mettre entre virgules.	*Votre commande du 5 janvier dernier ne nous est pas parvenue alors que celle du 12 janvier a été enregistrée normalement.*

L'énumération

Il faut toujours séparer les termes d'une énumération par des virgules. Pas de virgule en début d'énumération. Pas de virgule avant le « et » final.	*Nous vous adressons 24 colis de 5 kg, 13 de 40 kg, 3 de 10 kg et 2 de 5 kg.*
Mettez une virgule jusqu'au dernier terme de l'énumération s'il n'y a pas de « et » final.	*Nous vous adressons 24 colis de 5 kg, 13 de 40 kg, 3 de 10 kg, 2 de 5 kg.*

 **Comment ponctuer autour de «et»?**

_et_ Vous vous occuperez des formulaires de commande **et** vous vérifierez les factures.

  ↳ _Deux propositions reliées par ET: il n'y a pas de virgule._

et, Vous vous occuperez des formulaires de commandes **et, ce point est pour nous impératif,** vous vérifierez les factures.

  ↳ _Commentaire personnel entre virgules après ET: une virgule au début et à la fin de cette incidente._

et, Vous vous occuperez des formulaires de commandes, vous vérifierez les factures **et, cet aspect est primordial,** vous vous chargerez des éventuelles relances.

  ↳ _Une incidente de précision entre virgules derrière ET._

, et Notre service est à votre disposition pour compléter votre information, pour cerner vos problèmes spécifiques, **d'ordre financier ou autres,** et vous aider à les résoudre.

  ↳ _Une incidente de précision entre virgules avant ET._

Les mots de liaison en tête de phrase

Les mots de liaison sont dans la vie professionnelle strictement suivis d'une virgule. Celle-ci permet de mettre en relief un rouage du raisonnement apporté par la liaison. Ce procédé accentue la lisibilité du texte.	**Toutefois,** _nous avons émis des réserves au sujet de cette livraison._

Les mots de liaison dans le corps du texte

Insérés dans le corps du texte, les mots de liaison peuvent être subtilement introduits sans virgules ou, _a contrario_, être encadrés de virgules pour insister.	_Il ne nous a pas remis le document à la date voulu. Il a dû **en effet** en revoir le contenu._ _Vous nous avez signalé un dysfonctionnement. Après vérifications, nous avons, **en effet**, identifié les étapes à revoir._

Les deux points

Mettez les deux points lorsque vous voulez introduire une énumération.

Vous trouverez dans notre catalogue différentes réalisations effectuées par nos soins dans de très nombreux domaines : banque, industrie, administration…

↳ Il s'agit là de la présentation classique d'une énumération. Cependant, par souci de clarté, la présentation visualisée ci-dessous est plus percutante.
Veuillez enregistrer les articles suivants :
- *54 caisses de fruits,*
- *32 caisses de légumes.*

N'oubliez pas d'employer les deux points pour introduire une citation.

Dans votre lettre du 9 mars dernier, vous nous écriviez : «……… ».

Pensez à les utiliser afin de rendre votre texte plus concis. Les deux points peuvent vous permettre d'introduire :

- une précision,

*On simplifie pour le client les formalités : **à la lettre seront joints un bulletin de commande et une carte de demande de renseignements.***

- un exemple,

*Il n'admet pas ce type d'erreur professionnelle : **une personne a été licenciée pour ce motif récemment.***

- l'explication de ce qui précède,

*Son raisonnement n'est pas fondé : **ses hypothèses comportent des erreurs.***

- le résultat ou la conséquence de ce qui précède,

*Il n'a pas admis notre point de vue et nous a fait une nouvelle proposition : **nous n'en avons pas tenu compte lors de notre décision finale.***

- une opposition.

*Je ne l'ai pas cru alors : **j'ai changé d'avis depuis.***

↳ Dans ce dernier cas, la virgule peut remplacer les deux points, mais l'opposition des deux éléments serait moins explicite.

Ne jamais mettre de virgules dans les cas suivants :

• Devant «nous» ou «vous» compléments :

Nous avons bien reçu votre lettre **nous** signalant le mauvais fonctionnement du matériel livré.

• Devant un nom complément :

Nous vous ferons parvenir **les documents** relatifs à cette affaire.

• Devant l'infinitif qui vient compléter l'idée du verbe :

Nous vous avons fortement encouragé **à nous transmettre** ces informations.

• Devant l'infinitif qui vient compléter l'idée d'un infinitif :

Nous pensons pouvoir vous aider **à réaliser** ce projet.

À RETENIR

- Utilisez le point pour couper une phrase longue : privilégiez une même idée sur deux phrases avec un mot de liaison.

- Pensez constamment en écrivant à hiérarchiser votre texte au sein de la phrase en mettant entre virgules toutes les précisions et commentaires personnels.

- Vérifiez que vos virgules sont bien placées en observant si la phrase reste correcte après suppression de l'élément entre virgules.

- Soyez plus vigilant avec la ponctuation : la lisibilité de vos textes en dépend.

Mise en pratique fiche 17

 **EXERCICE**

Ponctuez correctement les phrases suivantes :

1. S'il vous était possible d'attendre jusque-là nous pourrions vous fournir immédiatement en remplacement la quantité que vous désirez.

2. Une erreur a été commise dans la rédaction de cette facture son montant est payable en deux fractions égales l'une fin novembre l'autre fin décembre.

3. Nous vous expédions ce jour-même franco de port les articles faisant l'objet de votre commande du 24 courant.

4. Pour cet entretien votre intérêt est de vous adresser exclusivement à l'un de nos agents seuls spécialistes qualifiés.

5. Nous venons de reprendre l'examen des éléments de notre proposition avec le vif désir de nous rapprocher du prix que vous indiquiez.

6. Il serait préférable que la circulaire soit présentée comme une lettre ordinaire sur le papier à en-tête de l'entreprise ainsi elle serait traitée par chaque destinataire comme une lettre personnelle et son contenu obtiendrait le maximum d'audience.

7. On reprend un à un les exemplaires contenant le texte et on y porte à leur place habituelle le nom et l'adresse du destinataire.

8. Si votre proposition nous convenait nous envisagerions de vous remettre un ordre livrable le 5 mai.

9. Il précisera s'il désire un essai à titre gratuit sans engagement de sa part.

10. Notre service de vente est à votre entière disposition pour compléter votre information pour examiner avec vous vos problèmes particuliers d'ordre financier ou autre et vous aider à les résoudre.

Corrigé page 292

PONCTUER EN NUANCES

Au-delà des points et des virgules qui constituent l'assise de la ponctuation, les autres signes apportent au style nuances et précisions. Bien maîtrisés, ils deviennent de véritables outils pour travailler la phrase en finesse. Ils sont tous utiles, qu'il s'agisse des guillemets qui exercent plusieurs rôles, des tirets qui offrent des clarifications de sens, des trois points qui suggèrent ou encore du point d'exclamation utilisé lors de moments ponctuels d'expression plus marquée… Comprenez l'intérêt de ces signes annexes pour un style d'une parfaite correction.

Les apartés

Les tirets

Ils nous offrent la possibilité d'introduire dans le texte une réflexion personnelle, voire une précision. Ils jouent parfois le même rôle que les parenthèses, mais gênent moins la lecture sur le plan visuel.	*Le monde de la publicité – je comprends dans ce terme les annonceurs et les agences – luttent pour le maintien de cette forme d'affichage.*
Généralement, la réflexion ou la précision apportée est en relation plus directe avec le texte.	*Afin de vous permettre de respecter les exigences de votre programme de fabrication – que notre représentant nous a rappelées – nous vous expédions ce jour les deux pièces de remplacement.* ⇒ *notre représentant nous a rappelé les exigences du programme de fabrication* ↳ *L'explication cerne le texte de très près.*
Pour rendre plus lisible les textes sur écran, la présentation visualisée, au moyen de tirets ou puces, est devenue omniprésente dans le monde professionnel.	*Veuillez trouver sous ce pli :* *– deux enveloppes timbrées,* *– trois photos,* *– une fiche d'état civil,* *– une attestation de résidence,*

Toute présentation visualisée comporte des tirets qui introduisent les différents termes de l'énumération (dans certains cas les tirets sont remplacés par des puces par souci esthétique).	*– la photocopie certifiée conforme de mes diplômes.*

Les parenthèses

Les parenthèses jouent, comme les tirets, un rôle dans l'introduction d'une réflexion ou d'une précision. Cependant, cette réflexion ou cette précision peuvent souvent s'écarter davantage du texte que les tirets, comme une sorte de voix off.	*Les Anglais ne sont pas d'accord avec nous sur l'importance des modifications qui sont à réaliser dans ce service (ils ne sont pas d'accord, d'ailleurs, sur bien des points ne relevant pas de modifications de services).*
Il est fréquent d'inclure les références entre parenthèses ou entre crochets.	*Ce livre (Éditions Eyrolles) ne comprend qu'un seul tome.* *Ma commande du 30 septembre dernier [réf. 9876] n'a pas été enregistrée.*

 *Évitez de trop souvent utiliser des parenthèses, car elles coupent visuellement le texte et nuisent à la fluidité et parfois à la compréhension, surtout en tête de phrase.*

Les crochets

Les crochets permettent d'introduire une précision à l'intérieur d'un texte déjà mis entre parenthèses. Évitez si possible de les employer en même temps que les parenthèses car le texte peut paraître confus. Ils sont surtout à leur place dans les écrits très techniques où une hiérarchisation de sens est nécessaire.	Notre commande (deux bureaux [réf. 7651]) vous a été adressée le 22 janvier dernier.
Ils peuvent être aussi insérés à l'extérieur des parenthèses.	[Les Éditions Eyrolles (2019)]

Les guillemets

Les guillemets permettent d'introduire les paroles exactes employées lors d'une conversation. Ils sont directement placés derrière les deux points. Dans ce cas, vous penserez à mettre une majuscule après le premier guillemet et un point final à la fin des paroles rapportées avant le second guillemet.

Il m'a serré la main et m'a dit : « J'approuve votre projet. Vous pouvez compter sur mon appui au moment du vote. »

Le poème hommage de Victor Hugo à sa fille débute par : « Demain dès l'aube… »

Ils nous permettent également d'introduire une citation dans un texte.

Mettez les guillemets pour encadrer un nom propre que vous cherchez à mettre en valeur.

L'établissement « Imbert Frères » nous a transmis votre proposition.

Les guillemets peuvent aussi vous permettre de rapporter un mot, une expression, qui n'appartient pas à votre vocabulaire habituel, ou qui provient du langage parlé. Des mots issus d'un autre niveau de langue rendent, en effet, dans certains contextes le texte plus vivant ou plus précis.

La notion de « fric » peut alors être fondamentale.

Dans ce cas, ne mettez pas de majuscule au mot ou à l'expression entre guillemets.

Introduisez les guillemets dans la phrase dès qu'il peut y avoir confusion ou incompréhension.

Or, vous venez de lancer un nouveau modèle « 222 » et ma clientèle ne me demande plus le « 65 ».

Il serait possible pour beaucoup de confondre « et » et « est ».

Pour mettre en valeur des termes très importants de la phrase, il est actuellement préférable de les mettre en gras au détriment des guillemets depuis l'usage du traitement de texte.

Les premiers travaux que vous lui avez confiés ont été exécutés à des prix très raisonnables.

Attention ! Ne mettez pas trop souvent les mots entre guillemets. En effet, certains ont tendance à choisir un mot de langue relâchée en le mettant par facilité entre guillemets, sans faire l'effort de rechercher le mot juste dans un niveau de langue plus soutenu.

Les points d'expression

Le point d'interrogation

Le point d'interrogation est un signe d'intonation, il indique un changement de ton.	*Voudriez-vous avoir l'obligeance de m'informer des nouvelles modalités de règlement ?* ↳ Forme interrogative
L'interrogation indirecte ne comporte pas de point d'interrogation.	*Informez-moi, lors de votre prochain courrier, des nouvelles modalités de règlement.* ↳ Interrogation indirecte

Dans les lettres classiques, les interrogations étaient généralement indirectes, donc sans points d'interrogation. Depuis l'arrivée des courriers électroniques, ils sont maintenant très répandus dans la vie professionnelle car les e-mails les emploient très fréquemment par souci d'efficacité. Grâce à eux, il est clair en effet qu'une réponse est attendue. L'interrogation indirecte, par sa subtilité, peut ne pas toujours être bien perçue lors d'une lecture rapide.

Le point d'exclamation

Le point d'exclamation n'est généralement pas utilisé dans les écrits professionnels. La froideur du ton de ces écrits ne s'alliant pas aisément à ce signe de ponctuation qui transmet une expression souvent forte.	Exceptionnellement, il peut être employé cependant pour marquer l'indignation ou la colère : *Nous n'admettrons jamais de tels procédés !*

Les points de suspension

Utilisez-les chaque fois que vous faites une citation et que vous ne désirez pas reproduire l'ensemble du texte. En quelque sorte, chaque fois que vous effectuez des découpages personnels au sein d'un texte. Les points de suspension sont alors entourés de parenthèses ou de crochets.	*Texte de l'auteur (…) texte de l'auteur.* En les employant dans ce cas, vous manifestez de l'honnêteté intellectuelle envers l'auteur cité, car un texte tronqué peut, en effet, déformer ou altérer sa pensée.

Les points de suspension sont peu employés dans la langue professionnelle. En effet, en littérature, ils servent à exprimer les mouvements de l'affectivité : confusion, hésitation, trouble. Forme d'expression inadéquate dans le langage professionnel.	*L'odeur nous envahissait... La campagne nous prenait à la gorge. (littérature)*
Vous pouvez toutefois les utiliser pour exprimer un sous-entendu.	*Ils prétendent que les charges seront moindres cette année...* ↳ La phrase est sans doute ironique !
Employez-les quand vous voulez notifier qu'une énumération n'est pas terminée. Ils ont alors le même rôle que « etc. »	*Ils demandent des échantillons, des tarifs, des essais...*

À RETENIR

- Osez utiliser les tirets, souvent méconnus, pour préciser le sens des mots qui précèdent.

- Évitez d'utiliser trop fréquemment les parenthèses, la fluidité du texte et sa compréhension pouvant en être affectées.

- Employez le point d'interrogation lors d'une demande, plutôt que l'interrogation indirecte, pour entraîner davantage de réactivité de la part de vos destinataires.

- N'utilisez que très rarement le point d'exclamation, trop expressif pour des textes où la raison prime les ressentis.

- Observez combien les signes de ponctuation apportent de finesse à vos textes.

Mise en pratique fiche 18

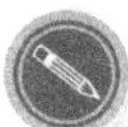

EXERCICE

Corrigez s'il y a lieu la ponctuation des phrases suivantes :

1. Examinez, spécialement s'il ne serait pas utile de compléter, la rédaction de l'offre par une visite de l'intéressé.

2. Je vous serais obligé de bien vouloir m'adresser une documentation concernant les appartements encore disponibles dans les immeubles, que vous construisez dans le XXe arrondissement.

3. Cette documentation comprend le plan d'ensemble des immeubles ; le plan détaillé de divers types d'appartement, de 1 à 8 pièces, la description technique de chaque appartement, matériaux, équipement, un tableau des prix de vente les modalités de règlement.

4. Ces dépliants, destinés aux visiteurs de mon stand, devraient m'être livrés au plus tard le 10 mai prochain.

5. Cet ordre plus élevé que ceux que je vous remettais habituellement, tenait compte d'une augmentation très sensible du nombre d'estivants.

6. Le 23 mars prochain je dois vous rembourser la somme, que je vous ai empruntée le 20 décembre dernier.

7. Malade, il n'a pu participer à cette commission.

8. Des rentrées, sur lesquelles je comptais ne se sont pas produites.

9. À mon service depuis quelques mois encore mal informé des liens particuliers qui existent entre nos deux sociétés il a fait une erreur de jugement.

10. La vérification immédiate du contenu à laquelle il a été procédé, en présence de l'un de vos agents, a permis de constater que les articles ci-dessous énumérés, brisés en totalité ou en partie, étaient impropres à la vente.

Corrigé page 293

PLACER LES MAJUSCULES À BON ESCIENT

Quand devez-vous mettre une majuscule à un mot ? Les règles les plus fréquentes d'utilisation de la majuscule sont généralement bien assimilées. Cependant, si un cas inhabituel se présente, vous pouvez hésiter et mettre au hasard majuscule ou minuscule. Afin de vous aider lors de ces interrogations, nous avons répertorié l'ensemble des cas pouvant provoquer une hésitation. Comme la ponctuation, la majuscule ne joue pas un rôle décoratif, elle donne à un texte un aspect achevé. Ne la négligez pas.

Placez les majuscules après les signes de ponctuation suivants :

- **.**   *Après un point*
- **...**   *Après des points de suspension*
- **?**   *Après un point d'interrogation*
- **!**   *Après un point d'exclamation*

Placez les minuscules après les signes de ponctuation suivants :

- **,**   *Après une virgule*
- **–**   *Entre les tirets et après les tirets*
- **( )**   *Après les parenthèses*
- **« »**   *Après les guillemets*
- **:**   *Après les deux points*

Les deux points sont très fréquemment utilisés dans les présentations imposées par les outils informatiques. La page d'écran conduit les rédacteurs à se servir de façon intensive des deux points dans les présentations visualisées afin de permettre aux lecteurs de saisir l'information essentielle rapidement. Cependant,

certains logiciels et le correcteur orthographique Word proposent systématiquement, à mauvais escient, d'utiliser la majuscule derrière une puce : cet emploi est contraire aux règles des majuscules préconisées par l'Académie française.

Les règles des majuscules ou des minuscules pour les noms

Les noms propres de personnes

Les prénoms et les noms propres de personnes comportent toujours des majuscules :

François Villon

Particule patronymique
La particule « de » des noms nobles ne prend pas de majuscules. Lorsque le nom noble est précédé de l'article LA ou LE, on met généralement une majuscule à l'article : **Etienne de La Boétie.** *La règle est cependant floue, car certains ne mettent pas de majuscule à l'article quand il est précédé d'un prénom, d'un titre ou d'une qualification :* Il évoquait la dernière favorite de Louis XIV, **la marquise de la Vallière.**

Les noms propres de grandes familles ou de dynasties

Les noms propres de grandes familles ainsi que les noms propres de personnes suivent la même règle :

*Les **Bonaparte** étaient une famille très nombreuse.*
*Les **Capétiens** directs se sont éteints en 1328.*

Si ces noms sont utilisés comme adjectifs, ils ne prennent plus de majuscule :

*La dynastie **capétienne** a eu une longévité exceptionnelle.*

Les noms propres de peuples

Les noms propres de peuples prennent une majuscule :

*Les **Italiens** sont très intéressés par nos produits.*

 *Si ces noms propres de peuples sont utilisés comme adjectifs, ils ne prennent plus de majuscule :*

Le peuple **français**.

Les noms de jours, de mois

Ne mettez pas de majuscule au jour et au mois :

*Nous recevons votre lettre du 8 **mai** dernier. Votre rendez-vous est fixé le **mercredi 8 décembre**.*

Les noms de sociétés religieuses, savantes ou politiques

Mettez toujours une majuscule aux noms de sociétés religieuses savantes ou politiques :

*De nos jours, l'**Église ne** possède plus le même pouvoir qu'autrefois.*

Mettez toujours une majuscule au premier élément du nom si celui-ci représente une entité unique désignée toujours ainsi. Les autres éléments en comporteront selon le sens :

*Nous présenterons ce projet à la **Chambre des députés**.*

Il s'agit d'une chambre célèbre qui comprend un nombre important de membres appelés députés.

En revanche, on écrira :

*Il s'adressera au **ministère** de la **Justice**.*

Il s'agit d'un des ministères qui s'occupe de tout ce qui concerne l'esprit de Justice au sens noble du terme.

Brève liste pour comprendre le sens de la 2ᵉ majuscule :

L'Institut de France
Le ministère de la Culture
La Constitution française
La Chambre des représentants
L'Académie française

Les titres honorifiques

La majuscule se met aux titres et dignités quand on s'adresse à la personne même :

*Monsieur le **Préfet**, Monsieur le **Président**, Monsieur le **Ministre***

En revanche, ne mettez pas de majuscule si vous ne vous adressez plus directement à la personne :

*Nous avons rencontré le **ministre** qui s'occupe de ces problèmes.*

Les points cardinaux

Insérez une majuscule quand le terme désigne un ensemble de régions ou de pays employés sans complément déterminatif de lieu :

*Ces produits viennent généralement du **Sud**.*
*Le **Sud-Ouest** s'est montré inquiet de ces mesures.*

Ne mettez pas en revanche de majuscule quand les noms de points cardinaux permettent de désigner géographiquement une région par rapport à une autre :

Cette ville est située **à l'ouest** de Paris.

> *Ne mettez pas de majuscule si le nom du point cardinal est accompagné d'un complément déterminatif de lieu :*
>
> Il possède de nombreuses terres **dans l'est** de la France.

Les noms propres de rues, de monuments…

Les noms propres de rues, de places, de monuments prennent des majuscules :

*Cette société a son siège rue des **Vinaigriers**.*

Les symboles d'unités

Employez une majuscule quand le symbole a été créé à partir d'un nom propre :

*5 **A** (Ampère étant le nom d'un homme, André Ampère, physicien et mathématicien).*
*45 **W** (Watt étant le nom d'un homme, James Watt, mécanicien et ingénieur).*

N'employez-pas de majuscule quand le symbole a été créé à partir d'un nom commun :

*85 **ha** (hectares)*
*24 **h** (heures)*
*35 **m** (mètres)*

Employez des minuscules et des majuscules si les symboles d'origines diverses sont mélangés :

*25 **kWh***

Les règles des majuscules ou minuscules pour les adjectifs

Les adjectifs étroitement liés à un nom

Utilisez une majuscule lorsque l'adjectif est étroitement lié à un nom, séparé de lui par un trait d'union :

*La Comédie-**Française***

Les adjectifs précédés d'un article introduisant un surnom

*Le roi Charles VI le **Fou***

L'adjectif « saint »

N'utilisez pas de majuscule à « saint » lorsqu'il s'agit du saint lui-même :

*Nous nous référons par exemple à **saint Paul**.*

En revanche, il faut mettre une majuscule et un trait d'union si le mot « saint » désigne :

*une localité : Il habite à **Saint-Ouen**.*
*une fête : Ils se sont connus à la **Saint-Jean**.*
*une rue : Il habite rue **Saint-Benoît**.*

L'application de ces règles n'est pas toujours suivie avec rigueur.

Les adjectifs associés à un terme géographique

Les adjectifs associés à un terme géographique prennent une majuscule alors que le nom ne comporte pas de majuscule :

*la mer **Noire***
*l'océan **Pacifique***
*le mont **Blanc***

Appliquez ces quelques règles, mais ne vous étonnez pas de trouver parfois des majuscules là où vous ne vous y attendez pas. Il existe en effet quelques exceptions :

*le **Mont-Perdu***
*l'**Asie Mineure***
*le **Moyen-Orient***

En cas d'hésitation, le plus sûr est de se référer au dictionnaire Le Robert des noms propres.

 *Ne mettez jamais de majuscule derrière un point-virgule (;) ou derrière une virgule (,) sauf s'il s'agit d'un nom propre ou du début du texte d'une lettre, d'un e-mail ou d'une e-lettre après la formule d'appel terminée par une virgule.*

À RETENIR

- Ne confondez pas l'emploi de la majuscule et de la minuscule après un signe de ponctuation.
- Après les noms et les adjectifs, l'emploi de la majuscule ou de la minuscule est soumis à différentes règles, d'où des confusions possibles.

SAVOIR IDENTIFIER LES OUTILS GRAMMATICAUX

L'orthographe! Une angoisse pour beaucoup. La crainte d'être jugé en raison d'une faute oubliée. La sensation désagréable que le français est une langue riche, certes, mais emplie d'une multitude de règles de grammaire, parsemées de sombres pièges. Qui n'a pas un jour contourné une difficulté d'accord en remaniant sa phrase? Qui n'a pas pu restituer le reflet de sa pensée faute de connaître l'orthographe du mot qui semblait pourtant le plus juste? Qui n'a pas eu, une fois, la crainte obsédante d'avoir mal orthographié quelque passage d'une lettre, d'un e-mail ou e-lettre importants après les avoir envoyés?

La méthode de relecture que nous préconisons s'appuie sur un travail de perception de la nature et de la fonction des mots dans la phrase, définies en quelques mots dans cette fiche. Cette approche vous permettra en effet d'éviter certaines fautes de grammaire liées à une mauvaise identification des mots.

Afin de compléter votre démarche de maîtrise des règles essentielles, nous vous fournissons dans les fiches suivantes des tableaux qui vous permettront de consolider vos connaissances.

Deux champs d'action à bien identifier

Lors d'une relecture grammaticale, il faut adopter un double regard.

L'orthographe des mots

C'est le terrain de la mémoire : *professionnel* ou *professionel*? Nos réactions dans ce domaine sont liées à plusieurs facteurs : une bonne ou une mauvaise mémoire visuelle, une forte ou une faible émotivité, une vaste ou une étroite expérience de la lecture et donc du travail visuel. La raison ne joue pas un rôle essentiel dans la façon d'écrire un mot : ici règne souvent «l'intuition orthographique». Chacun doit donc trouver seul le moyen de pallier ses lacunes. L'effort peut se porter sur le nombre de lectures, sur l'écriture manuelle du mot, mais aussi sur le perfectionnement de sa mémoire visuelle (répertoire de ses propres fautes rempli de façon ponctuelle et révisé régulièrement).

Les lois grammaticales

Le domaine de la conjugaison et des accords, c'est-à-dire tout ce qui demande une connaissance parfaite des règles de grammaire, ne fait pas appel aux mêmes mécanismes. Là, un dictionnaire ou un relecteur orthographique sont un secours partiel. Nous devons non seulement nous souvenir de la règle de grammaire, mais encore exercer parallèlement un raisonnement très rigoureux et très complet. Ce travail est paradoxalement plus complexe et plus simple. Plus complexe, parce qu'il exige une assimilation des règles principales de grammaire, mais plus simple, car le recours au raisonnement nous permet d'acquérir une parfaite assurance, quelle que soit notre émotivité. L'intuition orthographique n'a plus cours, le « ***je sens que ce mot prend un E ou un S*** » est à bannir. Tenter d'écrire de mémoire un point de grammaire serait même néfaste, notre mémoire pourrait en effet nous fournir par association des indications fausses.

Nous hésiterions par exemple sur :

*Je me **vous** à cette tâche ?*
ou
*Je me **voue** à cette tâche ?*
↳ *présent de l'indicatif du verbe «vouer», 1ᵉʳ groupe, 1ʳᵉ personne du singulier : la terminaison du verbe comporte donc bien un «e».*

Le souvenir du pronom « ***vous*** » peut, si nous ne faisons appel à aucun raisonnement, nous entraîner à mal choisir la terminaison convenable de ce verbe au présent. En revanche, le raisonnement qui part de la connaissance d'une règle nous permet de bien l'écrire.

Points de grammaire à connaître pour être efficace

Une révision grammaticale ciblée s'avère nécessaire. À cet effet, nous vous proposons de revoir les grandes lignes essentielles aptes à améliorer visiblement votre orthographe. Nous reverrons tout particulièrement :

▶ les endroits pouvant poser problème en conjugaison ;

▶ les accords des participes passés ;

▶ les concordances de temps.

Cette parfaite perception de la nature et de la fonction des mots est un moment essentiel. En effet, même si vous savez parfaitement qu'un adjectif s'accorde toujours avec le nom auquel il se rapporte, vous pouvez oublier de l'accorder quand il s'éloigne du nom qu'il qualifie : tout simplement parce que vous ne l'aurez pas identifié comme un adjectif. Par conséquent, une relecture vraiment efficace passe bien par une conscience très claire de la nature et du rôle des mots dans la phrase.

Définition des fonctions des mots dans la phrase

Le nom

Le nom (commun)

Le nom « chat » évoque pour nous une image.

Chat = petit animal familier à fourrure, deux oreilles pointues, des moustaches, une queue, etc.

Cependant, selon votre propre expérience des chats, quand on vous dit : « j'ai un chat », surgit en vous l'image d'un chat noir, blanc, petit ou gros ; image sans doute liée à l'un de vos souvenirs de chat.

Le nom propose donc une image floue, fortement personnalisée par celui qui la reçoit.

L'accord du nom

L'article défini ou indéfini permet de déterminer le genre du nom (masculin ou féminin) ou le nombre (singulier ou pluriel) :

Le CHAT masculin singulier, les CHATS masculin pluriel. Cependant, quelques noms ne possèdent qu'une seule écriture : le (les) RELAIS singulier et pluriel.

Afin de rendre cette image plus nette, l'émetteur du message va environner ce nom de précisions. Les articles effectueront, sur l'image floue, ce nécessaire réglage et permettront l'accord singulier ou pluriel.

Contrairement à une idée reçue, vous remarquerez qu'en grammaire, les exceptions sont peu nombreuses. L'impression d'en rencontrer beaucoup provient, en fait, de l'orthographe des mots et, peut-être aussi, de quelques punitions scolaires qui les mettaient en valeur !

L'adjectif

L'adjectif (qualificatif)

Grâce à la précision qu'il nous offre, l'adjectif, par exemple «petit», nous permet de rendre plus nette l'image floue transmise par l'émetteur du message au moyen d'un nom.

L'adjectif évoque une consistance, une taille, une couleur, une quantité... Créé pour préciser le sens des noms, il peut être associé à n'importe lequel d'entre eux : *petit chat, petite maison, petit volume.* Toutefois, en raison du sens, certains adjectifs ne peuvent qualifier certains noms : *petit géant ou petit gratte-ciel.* D'autres appartiennent à un langage si spécialisé qu'ils ne servent que dans une circonstance bien précise : *une artère pédieuse* (du pied).

L'accord de l'adjectif (qualificatif)

L'adjectif (qualificatif) s'accorde avec le nom auquel il se rapporte.

L'adjectif est complètement dépendant du nom lors de l'accord. Il possède généralement quatre écritures :
Petit = masculin singulier /Petits = masculin pluriel

Petite = féminin singulier/Petites = féminin pluriel

 *Quelques adjectifs possèdent seulement deux écritures possibles :*
FADE = masculin et féminin singulier
FADES = masculin et féminin pluriel

Le verbe

Le verbe

Le verbe évoque une action visible ou invisible : *parler, penser.* Il peut évoquer l'absence d'action ou l'état : *dormir, rester.*

Grâce à la terminaison du verbe et à la présence du pronom personnel, nous connaissons simultanément la personne et le temps :

Il comprend
Ils comprennent
Je comprenais
Vous avez compris
Il comprenait
Nous avions compris
Je comprendrai, etc.

Le verbe est le mot de la phrase dont l'écriture varie le plus. Il peut être théoriquement écrit d'une centaine de façons différentes en fonction des temps et des personnes (adjectifs : 4 ou 2 écritures possibles ; nom : généralement 2).

Du verbe vont donc provenir nos principales difficultés. De plus, notre époque privilégie les temps composés : le passé simple disparaît de l'oral et de la langue professionnelle. Cette évolution de la langue entraîne un plus grand nombre d'accords de participes passés :

La personne que j'ai rencontrée…
Il s'agit du chemin qui nous a conduits à la réussite.

Nous leur avons parlé, etc.

L'adverbe

L'adverbe possède 3 rôles possibles.

Il joue auprès du verbe le même rôle que l'adjectif pour le nom. Il permet au verbe d'évoquer avec précision une action.

Il peut aussi modifier le sens d'un adjectif. Il s'agit là aussi d'offrir au lecteur un raffinement dans la nuance de la pensée.

Il peut modifier le sens d'un autre adverbe. Il permet ainsi de rendre encore plus précise la pensée.

Deux adverbes causes de fautes : *volontiers, malgré*

*Elle parle **toujours** en réunion (souvent, peu, exceptionnellement…)*

*Nous sommes **vraiment** satisfaits.*
Nous sommes satisfaits serait beaucoup moins fort.

*Vous recevrez ces colis **très** prochainement.*

Il vous faut donc vérifier la manière dont vous écrivez l'ensemble des adverbes courants.

L'accord de l'adverbe : invariable

L'adverbe est toujours invariable. La difficulté réside dans la méconnaissance de certains de l'écriture exacte de quelques adverbes. Ils ajoutent ou suppriment un S. La faute ne sera dans ce cas jamais perçue en relisant.

*Les cas suivants peuvent être source de fautes car **ces adjectifs peuvent être parfois utilisés comme adverbes** (au masculin singulier) :* Bas – Bon – Cher – Clair – Court – Creux – Doux – Droit – Dru – Dur – Faux – Ferme – Franc – Gras – Gros – Haut – Juste – Lourd – Mauvais – Net – Profond – Sec

Dans un contexte, si vous ne les percevez pas comme adverbes, vous ferez des fautes. Vous écrirez : Des délais souvent **forts** réduits → NON

alors qu'il aurait fallu écrire :

Des délais souvent <u>fort</u> réduits → OUI

(« Fort » ne qualifie pas, dans ce cas, les délais, mais modifie le sens de l'adjectif « Réduits »).

Les « mots outils » indispensables au sens de la phrase professionnelle

▶ Prépositions : pour, malgré…
▶ Pronoms relatifs : qui, que, quoi, dont, où, lequel…
▶ Conjonctions : et, mais, lorsque…
▶ Locutions conjonctives : dès que…
▶ Locutions prépositives : jusqu'à…

Nous les appelons « mots outils », car ce sont des rouages essentiels en donnant à la phrase sa cohérence d'ensemble :

*Le contremaître parle **de** l'ouvrier.*
*Le contremaître parle **pour** l'ouvrier.*
*Le contremaître parle **contre** l'ouvrier.*
*Le contremaître parle **avec** l'ouvrier.*
*Le contremaître parle **chez** l'ouvrier.*

Comme vous le constatez ci-dessus, le sens de la phrase dépend donc étroitement de ces petits mots invariables.

Schéma des éléments pouvant composer une phrase

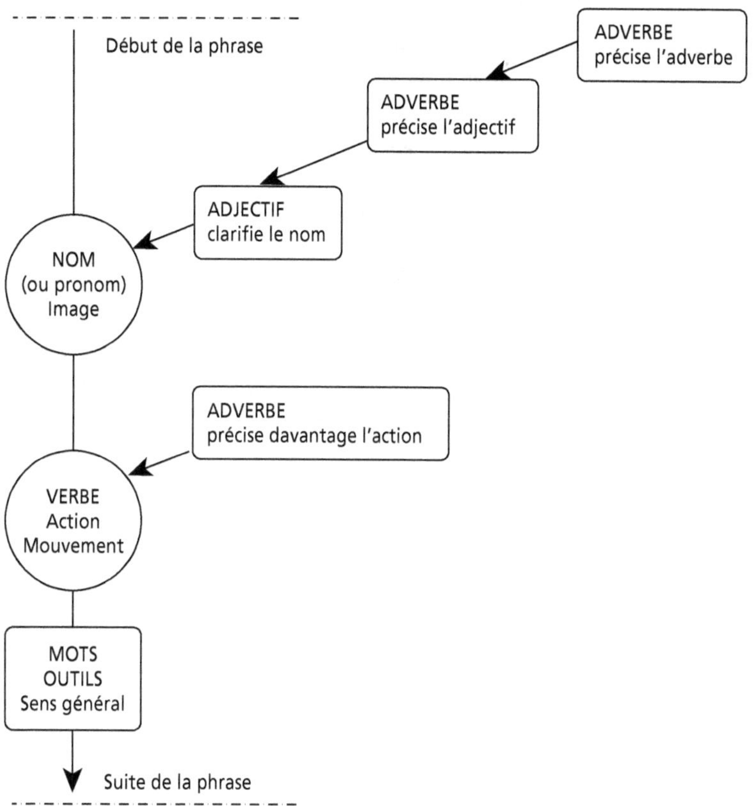

À RETENIR

- Les fautes de grammaire ne sont pas forcément le signe d'une connaissance superficielle des règles. Elles sont plutôt la preuve d'une mauvaise identification de la nature et de la fonction des mots dans la phrase.

- Le nom et l'adjectif sont étroitement liés, car l'adjectif vient préciser le sens du nom en présence. Il permet au lecteur de se rapprocher plus clairement de l'image mentale du rédacteur.

- Le verbe, porteur d'actions, possède une infinité d'écritures, car il est soumis à deux paramètres : la personne et le temps (17 temps dans la langue française). Il est souvent plus complexe à écrire aux temps composés où se greffent des accords à la fin des participes passés (différents selon la présence de l'auxiliaire avoir ou être).

- L'adverbe précise le sens du verbe, mais sert parfois à rendre plus précis un adjectif ou un autre adverbe.

- Des mots outils (prépositions, conjonctions…) viennent relier les mots entre eux dans la phrase et lui donnent son axe général de sens.

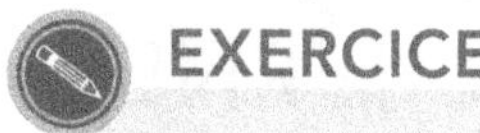 Mise en pratique fiche 20

✏ EXERCICE

Identifiez, dans le tableau ci-dessous, si les mots en gras sont des noms, des adjectifs, des verbes ou des adverbes et observez consciemment leur rôle dans chaque phrase :

Noms	Adjectifs	Verbes	Adverbes

Le **client a pris** le **pouvoir**. Il est **désormais roi** avec la **diffusion ultra rapide** des **informations** et la **diffusion massive** des **innovations**. De nos **jours**, le **client consomme** donc quand il **veut**, d'où il **veut** et comme il **veut**. Les **consommateurs utilisent** tous les **canaux de distribution possibles** : ils **commandent** sur le **net**, **testent** en **magasin**. Tous les **moyens utilisés** sont **bons** pour eux. Ces **nouveaux consommateurs sont devenus tout puissants** : ils **ont pris** le **pouvoir**.

Comme les **évolutions** se font **également** dans l'**organisation**, les **entreprises** sont obligées, face à ce **bouleversement numérique**, de **changer également** leurs **habitudes managériales**. Le manager **doit** donc **actuellement acquérir** des **compétences numériques**, **anticiper**, **bouger**, **donner** du **sens** au **collectif**. Ce **nouveau** manager **doit** s'**adapter** en acceptant les **nouvelles règles**. Il **doit anticiper** les **nouveaux stress numériques**. Il se **doit** d'être **partout**. Aussi, le **terme** « d'**agilité** » **apparaît** pour **qualifier** cette **nouvelle attitude managériale**.

Corrigé page 294

BIEN CERNER
LES ACCORDS DIFFICILES

Les accords permettent d'écrire correctement des mots en fonction d'autres mots auxquels ils sont étroitement liés. Ils réclament d'appliquer la même démarche logique, que ce soit l'accord du nom avec l'adjectif, l'accord du verbe avec le sujet, l'accord des participes passés… Afin d'écarter les fautes qui nuiraient à la qualité de vos écrits, ils impliquent la connaissance des règles d'accords mais aussi de leurs exceptions. Cette fiche non exhaustive de tous les accords vous permettra d'appréhender les bases indispensables pour rédiger une lettre, une e-lettre ou un e-mail.

Comment effectuer les accords au sein de la phrase ?

Repérer le sujet de chaque verbe pour bien l'accorder

Pour repérer le sujet de chaque verbe (nom ou pronom), posez les questions : « Qui est-ce qui ? » ou « Qu'est-ce qui ? »	Le nom ou le pronom (sujet) peut se trouver soit avant soit après le verbe. La condition *sine qua non* pour bien accorder est de poser les questions pour repérer systématiquement le sujet : *Après ces réunions **se dégage** une atmosphère délétère.* Qu'est-ce qui se dégage ? *Une atmosphère* Par réflexe, sans poser la question, nous aurions pu écrire par erreur : *Après ces réunions ~~se dégagent~~ une atmosphère délétère.* En français, lorsque nous ne suivons pas bien le sens de la phrase, nous prenons le risque, même en possédant nos règles de grammaire, de laisser passer une faute, signe pour le lecteur de notre manque d'attention. Pensez donc au sens !

Repérer s'il s'agit d'un adjectif ou d'un adverbe

Astuce infaillible pour repérer s'il s'agit d'un adjectif ou d'un adverbe : associez le mot sur lequel vous hésitez à des noms différents. Si cette association est possible, vous êtes certains qu'il s'agit réellement d'un adjectif. L'accord avec le nom sera donc obligatoire.

Ces personnes nous semblent **proches** *de leurs intérêts.*

Proches : adjectif ou adverbe ? Si nous pouvons l'associer à plusieurs noms et que cela conserve un sens : c'est un adjectif. Dans ce cas, il est possible de dire *des personnes proches* mais aussi *des maisons proches...*

Proche est bien un adjectif. Un adverbe ne pourrait s'associer ainsi à n'importe quel nom. Nous ne pourrions dire :
Une personne volontiers
Une maison toujours
Un chemin jamais

Distinguer un adjectif verbal d'un participe présent

L'adjectif verbal et le participe présent sont à l'origine de nombreuses fautes quand on les prend l'un pour l'autre, car ils ne s'accordent pas de la même manière.

Accordez l'adjectif verbal avec le nom qu'il qualifie.

Laissez invariable le participe présent.

C'est un **adjectif**, s'il peut être remplacé par un adjectif qualificatif ou être mis au féminin :

Nous vous serions **reconnaissants**...
Nous vous serions **reconnaissantes**...

C'est un **participe présent** s'il est impossible de le mettre au féminin.

Il exprime alors une action simultanée :

Des événements **suscitant** *la cohésion sont nécessaires.*

Il peut être précédé de *en* ou *ne* :

En voyageant, *il a découvert l'idée de son entreprise.*

Ne communiquant *pas avec ses collègues, elle a commis une erreur.*

Il peut également avoir des compléments (directs, indirects) :

Précédant *son appel, il lui avait envoyé un e-mail.*

Accorder les participes passés ou adjectifs éloignés du nom

Accordez les adjectifs ou les participes passés employés comme adjectifs avec le nom ou le pronom dont ils précisent le sens.

Méfiez-vous des participes passés employés comme adjectifs (*reconduit, choisi, communiqué…*). On peut en effet avoir tendance à ne pas les percevoir comme des adjectifs et donc à ne pas les accorder.

*Ces documents sont **volumineux** et **documentés**.*

Adjectif   P. P. adjectif

***Experts** dans leur domaine, **ils** nous ont présenté les grandes lignes du projet.*

***Choisis** par votre société, **nous** nous faisons un point d'honneur de respecter nos engagements.*

Plus l'adjectif est éloigné du nom, plus l'hésitation ou l'oubli de l'accord sont possibles. Il arrive même de rencontrer des mots qui sont en fait des adjectifs mais qui, dans le doute, sont laissés invariables.

Comment éviter toute confusion ?

Se méfier des phrases éclatées

Quelle démarche faut-il suivre dans ce cas ?

Reconstituez la phrase traditionnelle en recollant, en quelque sorte, les morceaux éclatés. Cherchez, pour fil directeur, le sujet de chaque verbe :

Dans ces conditions, quelques-unes de nos dernières livraisons ont pu ne pas bénéficier des soins qui sont apportés à nos fabrications.

→ *Quelques-unes de nos dernières livraisons* = sujet de *« ont pu »*
→ *des soins* = sujet de *« sont apportés »*

Cette terminologie de phrases « éclatées » nous est propre pour décrire ces moments où la structure traditionnelle d'une phrase est bouleversée :

Dans ces conditions, quelques-unes de nos dernières livraisons, dont la vôtre, ont pu ne pas bénéficier des soins qui, habituellement, sont apportés à nos expéditions.

Ce type de phrase perturbe les raisonnements. Ce trouble altère les réflexes grammaticaux et, le manque de rigueur régnant, la faute surgit au coin de la ligne !

Cette structure nuit généralement :
– aux accords de sujet et de verbe ;
– aux accords de nom et d'adjectif ;
– aux accords de participes passés.

Orthographier correctement un participe passé

Les participes passés sont formés à partir d'un verbe : *donné, choisi, parti, vu, pris, construit*. Le tableau suivant vous en rappelle les règles de formation à partir du groupe du verbe concerné.

Tableau récapitulatif des terminaisons des participes passés

Identifiez le groupe du verbe	Terminaisons au singulier		Terminaisons au pluriel	
	Masculin	Féminin	Masculin	Féminin
verbes du 1er groupe (terminaison : er)	é ↓ donné	ée ↓ donnée	és ↓ donnés	ées ↓ données
verbes du 2e groupe (terminaison : ir)	i ↓ choisi	ie ↓ choisie	is ↓ choisis	ies ↓ choisies
verbes du 3e groupe (terminaisons : ir ou re)	i ↓ parti	ie ↓ partie	is ↓ partis	ies ↓ parties
4 terminaisons possibles selon le type de verbe	u ↓ vu	ue ↓ vue	us ↓ vus	ues ↓ vues
	s ↓ pris	se ↓ prise	s ↓ pris	ses ↓ prises
	t ↓ construit	te ↓ construite	ts ↓ construits	tes ↓ construites

En cas d'hésitation si vous constatez

Que le participe passé a la même prononciation au masculin et au féminin	Que le participe passé a une prononciation différente au masculin et au féminin
masculin : *vu, choisi* féminin : *vue, choisie*	masculin : *pris, construit* féminin : *prise, construite*
Si vous entendez encore les voyelles u et i ↳ Le masculin singulier se termine bien par la voyelle que vous entendez au féminin. ↳ u ou i	Si vous entendez la consonne s ou t ↳ Le masculin singulier se termine par la consonne que vous entendez au féminin. ↳ s ou t

Attention ! Exceptions : naître, absoudre, dissoudre

Verbes	singulier		pluriel	
	masculin	féminin	masculin	féminin
naître	né	née	nés	nées
absoudre	absous	absoute	absous	absoutes
dissoudre	dissous	dissoute	dissous	dissoutes

Ne pas confondre infinitif, participe passé et verbe conjugué du 1er groupe

La confusion vient du fait que le participe passé, le verbe conjugué et l'infinitif des verbes du 1er groupe ont la même prononciation « **é** », en fin de mots lors de trois points grammaticaux différents :

- *communiquer* : verbe à l'infinitif ;
- *communiquez* : verbe conjugué, 2e personne du pluriel du présent de l'indicatif ;
- *communiqué* : participe passé du verbe communiquer.

Comment ne pas hésiter entre er/ez/é ?

Afin de ne pas faire de faute aux verbes du 1er groupe, prenez l'habitude de remplacer le verbe litigieux par un autre verbe du 2e ou du 3e groupe. Vous serez alors absolument certains de l'orthographe en « *é, er* ou *ez* » :

*Cette solution présenterait l'avantage de vous **obliger** à **accepter** nos propositions.*

  ↳ *de vous contraindre*

  ↳ *à choisir.*

▸ Contraindre : le verbe du 3e groupe de remplacement est à l'infinitif, votre verbe du 1er groupe se termine donc bien par l'infinitif « **er** ».

▸ Choisir : le verbe du 2e groupe de remplacement est à l'infinitif (choisir), votre verbe du 1er groupe se termine donc bien par l'infinitif « **er** ».

*Les verbes appartenant au 1er groupe (verbes se terminant par « er ») sont de plus en plus nombreux. Tous les néologismes créés à notre époque puisent en effet leur terminaison dans le 1er groupe : **interviewer, auditionner, faxer, stopper, téléphoner**, etc.*

Dans la langue professionnelle, les mots nouveaux abondent, car c'est le royaume des langages spécialisés. C'est aussi la recherche de la facilité qui entraîne le choix de verbes du 1er groupe. Ces mots présentent toutefois un danger qui, sans vigilance, peut très aisément entraîner des fautes.

Ne pas confondre féminin et masculin

Faites particulièrement attention aux noms féminins à apparence masculine et aux noms masculins à apparence féminine ! En effet, beaucoup de mots féminins ont en français une terminaison, habituellement réservée aux mots masculins : *difficulté, liberté, salutation, loi*, etc.

Inversement, des mots masculins ressemblent, par leur terminaison en « e », à des mots féminins : *immeuble, musée, foie, service*, etc.

Au singulier, les accords ne sont pas troublés par cette particularité d'écriture, car l'article détermine très visiblement le genre féminin ou le genre masculin :

Aucune difficulté

La liberté que j'ai eue
Un immeuble étendu
Une salutation intéressée
Un musée visité
Une maison connue
Le meuble bleu

En revanche, lors d'une écriture rapide, ces mots au pluriel sont à l'origine de fautes en raison de réflexes provoqués par leur apparence.

Problèmes

« les salutations distinguées » deviennent par erreur « les salutations distingués »
ou
« les musées visités » sont par erreur « les musées visitées »

Ce type de faute est plus fréquent qu'on ne le croit.

Ne confondez pas le féminin et le masculin de noms courants

Les noms suivants sont féminins : *une agrafe, une anagramme, une atmosphère, une autoroute, une avant-garde, une échappatoire, une échauffourée, une égérie, une égide, une entrefaite, une enzyme, une éphéméride, une épice, une épithète, une équivoque, une HLM, une orbite, une orthographe, une volte-face…*

Les noms suivants sont masculins : *un alcool, un antidote, un aparté, un appendice, un argent, un armistice, un asile, un astérisque, un asthme, un augure, un autographe, un éloge, un entête, un exutoire, un hémisphère, un interstice, un intervalle, un paraphe, un planisphère…*

Ces deux listes ne sont pas exhaustives.

Ne pas confondre nom et verbe

Le tableau suivant répertorie les mots qui entraînent des fautes quand la mémoire mélange l'orthographe du verbe et du nom :

il accueille	un accueil	il éveille	un éveil
il appuie	un appui	il exile	un exil
il attribue	un attribut	il maintient	un maintien
il balaie	un balai	il parie	un pari
il concourt	un concours	il pronostique	un pronostic
il conseille	un conseil	il recule	un recul
il défie	un défi	il régale	un régal
il délaie	un délai	il secourt	un secours
il détaille	un détail	il se soucie	un souci
il diagnostique	un diagnostic	il soupire	un soupir
il discourt	un discours	il soutient	un soutien
il emploie	un emploi	il substitue	un substitut
il entretient	un entretien	il trafique	un trafic
il envoie	un envoi	il travaille	un travail
il essaie	un essai	il vole	un vol

Appliquez très strictement vos règles de grammaire. N'accordez pas soudain à «l'intuition», par facilité, sous prétexte que le cas semble plus complexe que celui de la règle apprise : les exemples choisis pour illustrer les règles de grammaire sont souvent des cas faciles. Votre raisonnement doit être le même que la phrase soit simple ou complexe.

Nous avons constaté que les personnes rigoureuses appliquent très rapidement, sans erreur, une règle de grammaire tandis que les émotifs, les impulsifs adoptent souvent un comportement intuitif et peuvent alors plus facilement commettre des fautes.

Revoyez ensuite les quelques règles de grammaire des pages suivantes. Vous devriez ainsi éliminer une grande partie de vos fautes de grammaire.

À RETENIR

- Vérifiez la nature des mots (noms, adjectifs, verbes, adverbes).

- Accordez très strictement les noms et les adjectifs.

- Contrôlez les accords des verbes avec les sujets.

- Vérifiez qu'il s'agit d'un adjectif verbal ou d'un participe présent avant d'accorder car l'un s'accorde et l'autre reste invariable.

- Remplacez toujours un verbe du 1er groupe par un verbe du 2e ou du 3e groupe.

- Raisonnez très rigoureusement à chaque accord de participe passé.

- Reconstituez toute phrase éclatée.

- Méfiez-vous des noms féminins à apparence masculine ou l'inverse.

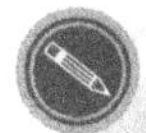 Mise en pratique fiche 21

EXERCICE

Corrigez les fautes insérées dans la lettre suivante :

Madame, Monsieur,

Depuis le 1er janvier 2019, de nouvelles modalitées s'appliquent aux déclarations et aux règlements des cotisations et contributions sociales.

L'URSSAF est désormais chargé, par l'intermédiaire des entreprises de production, de collecté les cotisations des artistes.

Afin de pouvoir affecté individuellement les bases cotisés aux artistes, notamment « l'assurance vieillesse » qui emportent des droits pour votre retraite, l'URSSAF rend désormais obligatoire la mention du numéro de sécurité social.

Afin de pouvoir mettre à jour votre fiche de renseignements et de pouvoir procédé au règlement de vos droits, nous vous demandons de bien vouloir nous communiqués votre numéro de sécurité sociale (15 chiffres).

Nous vous rappelons également que la fourniture d'un relevé d'identité bancaire est nécessaire pour accéléré le paiement de vos droits. Nous vous prions de nous excuser des difficultées que ce nouveau système génère.

Nous vous serions reconnaissant de nous adresser ces informations par courrier à l'attention de la Comptabilité à l'adresse indiquée ci-dessous. L'envoie par e-mail est accepté.

Vous devrez apposer une paraphe sur chaque page des documents envoyés à l'endroit où est apposé une astérisque.

Nous vous remercions de votre compréhension et vous prions d'agréer, Madame, Monsieur, nos salutations distingués.

Corrigé page 295

ACCORDER AVEC CERTITUDE LES PARTICIPES PASSÉS

L'accord des participes passés constitue la difficulté majeure de l'orthographe et demande avant tout de bien connaître la règle et le raisonnement associé. Trois étapes pour bien accorder les participes passés sont à suivre. Avec les exercices d'entraînement, situés à la suite des tableaux, vous allez acquérir les réflexes nécessaires pour que l'accord des participes passés ne soit plus jamais une difficulté pour vous.

Qu'est-ce qu'un participe passé ?

Avec auxiliaire être ou avoir

Le participe passé est une forme du verbe que l'on associe à un auxiliaire (avoir ou être) pour former les temps composés de la conjugaison :

Je <u>suis venu</u> te rencontrer. J'<u>ai regardé</u> votre projet.
↓   ↓
auxiliaire être + participe passé auxiliaire avoir + participe passé

Le participe passé peut suivre un verbe d'état (*paraître, demeurer, sembler, rester, devenir…*) ou une locution verbale (avoir l'air, passer pour, être traité de…).

*Elle **paraît** fatiguée.*
↓
Verbe d'état + participe passé

Employé comme adjectif

Le participe passé de la plupart des verbes peut également être employé comme adjectif selon les besoins : *étudié, soumis, atténué, investi, introduit, compris…*

*Il s'agit exclusivement des documents **étudiés** par notre service.*

*Le document, **soumis** à votre approbation, est dans cette enveloppe.*

*Très **atténués** depuis le dernier essai, ces mélanges de peintures sont encore trop vifs.*

*Particulièrement **investis** dans ce projet, ils nous en font un compte rendu régulier.*

Ces participes passés employés comme adjectifs jouent exactement le même rôle qu'un adjectif. Ils s'accordent avec le nom ou le pronom dont ils précisent le sens.

Comment accorder les participes passés avec avoir et être ?

Quatre étapes sont nécessaires :

▶ Étape 1. Recherchez en tout premier lieu l'auxiliaire : avoir ou être.

▶ Étape 2. Identifiez le sujet et le COD.

▶ Étape 3. Posez-vous les bonnes questions. Pour trouver le sujet : les questions : *qui est-ce qui ?* ou *qu'est-ce qui ?* Pour trouver le COD : les questions : *qui ?* ou *quoi ?*

▶ Étape 4. Appliquez les règles insérées dans les tableaux suivants.

Accords des participes passés avec l'auxiliaire « être »

1 – Cas les plus courants avec l'auxiliaire être

⇨ **Accord avec le sujet (placé avant ou après le participe passé)**	*Nous* sommes *parvenus* à résoudre ce problème.
	Qui est-ce qui est parvenu ?
	Nous → accord avec le sujet **Nous**
Questions à poser pour trouver le sujet :	
Qui est-ce qui + être + participe passé ?	*Les marchandises* sont bien *arrivées*.
ou	Question à poser :
Qu'est-ce qui + être + participe passé ?	Qu'est-ce qui est bien arrivé ?
	Les marchandises → accord avec le sujet *marchandises*

2 – Voix passive (forme comprenant «été»)

⇨ **Accord avec le sujet (placé avant ou après le participe passé)**

Questions à poser pour trouver le sujet :
Qui est-ce qui + être + **été** + participe passé ?
ou
Qu'est-ce qui + être + **été** + participe passé ?

*La **cliente** a été **reçue** par le directeur des ventes.*

Qui est-ce qui a été reçu ?

*La **cliente*** → accord avec le sujet ***cliente***

....

*La **lettre** avait été **expédiée**.*

Qu'est-ce qui avait été expédié ? *La lettre* → accord avec le sujet ***lettre***

3 – Forme pronominale. Cas le plus délicat des accords avec être

La forme pronominale est une action sur soi-même ou réciproque avec d'autres personnes : elle se construit avec un sujet et un complément à la même personne.

Je me (m')… Nous nous…
Tu te (t')…. Vous vous…
Il (elle) se (s')….. Ils (elles) se (s')…
Deux formes existent :
1. **Les verbes occasionnellement pronominaux (95% des cas)**
2. **Les verbes toujours pronominaux (5 % des cas)**

• **Verbes occasionnellement pronominaux**

⇨ **Accord avec le COD placé avant le participe passé (occasionnellement pronominaux 95 % des cas)**

Question à poser pour trouver le COD :

Sujet + (remplacez le verbe être par le verbe avoir) + participe passé + qui ou quoi ?

Les verbes occasionnellement pronominaux = presque tous les verbes existants : *rencontrer- se rencontrer/ donner- se donner/ attribuer -s'attribuer/parler-se parler*

Ils ont vu. (verbe non pronominal)

*Ils **se** sont vus.* (verbe à la forme pronominale)

4 possibilités

a. *Ils se sont **rencontrés**.*

Ils ont rencontré qui ? *se* → accord avec le COD *se* placé avant le participe passé

....

b. *Il s'agit des documents qu'elle s'est **attribués***

Elle a attribué quoi ? *des documents* → accord avec le COD ***documents*** placé avant le participe passé

....

c. *Ils se sont **donné** rendez-vous.*

Ils ont donné quoi ? *rendez-vous* → pas d'accord avec le COD ***rendez-vous*** placé après le participe passé

....

d. *Ils se sont **parlé** à plusieurs reprises.*

Ils ont parlé à qui ? *à se*. ***Se*** est un COI. Il n'y a pas de COD → pas d'accord

• **Verbes toujours pronominaux**	*Ils se sont **absentés**.*
⇨ **Accord avec le sujet.**	Qui est-ce qui s'est absenté ?
Les verbes toujours pronominaux possèdent un pronom complément même à l'infinitif : s'absenter, s'abstenir…	*Ils* → accord avec le sujet *ils*
Question à poser pour trouver le sujet :	
Qui est-ce qui ? ou Qu'est-ce qui ?	

Accords des participes passés avec l'auxiliaire « avoir »

4 – Cas les plus courants avec avoir

⇨ **Accord avec le complément d'objet direct (COD) placé avant le participe passé**	a. *Elle a **envoyé** cette lettre.*
Question à poser pour trouver le COD :	Elle a envoyé quoi ? *cette lettre* → Pas d'accord avec le COD **cette lettre**, placé après le participe passé
Sujet + avoir + participe passé + qui ou quoi ?	
Il faut poser strictement la question ci-dessus sans englober d'autres éléments.	b. *La lettre qu'il a **envoyée**.*
	Il a envoyé quoi ? *La lettre* → Accord avec le COD **la lettre** placé avant le participe passé
Attention ! De nombreuses phrases comportent à la fois :	
– un COD qui répond aux questions « qui » ou « quoi » ?	c. *Ces clients leur ont **téléphoné**.*
– un COI qui répond aux questions « à qui » ou « à quoi » ?	Ces clients ont téléphoné à qui ? *à leur*
	Leur est un COI : il n'y a pas de COD → invariable
qui sont souvent représentés par les pronoms personnels (nous, nous…). Il faut donc bien poser les questions afin de ne pas confondre le COD et le COI :	d. *Il s'agit du chemin qui nous a **conduits** à la réussite.*
*Nous vous transmettons les fiches que nous a **envoyées** la Sécurité sociale.*	Le chemin a conduit qui ? *nous* → Accord avec le COD *nous* placé avant le participe passé
Questions à poser :	
La Sécurité sociale a envoyé quoi ? *les fiches (→ accord avec le COD)* à qui ? *à nous (COI → pas d'accord)*	

5 – Participe passé suivi d'un infinitif

⇨ **Accord avec le complément d'objet direct (COD) placé avant le participe passé, à condition que ce complément puisse faire l'action de l'infinitif**

a. *Il s'agit des personnes que j'ai **vues** courir.*
J'ai vu courir qui? *les personnes*
→ Accord avec le COD **les personnes** placé avant le participe passé (les personnes peuvent faire l'action de courir)

Question à poser pour trouver le COD :

Sujet + avoir + participe passé + infinitif + qui ou quoi?

Est-ce que le COD peut faire l'action de l'infinitif?

Attention! une seule exception: fait suivi d'un infinitif est toujours invariable :

*Il s'agit des personnes que j'ai **fait** venir.*

b. *Il s'agit des articles que j'ai **vu** fabriquer.*
J'ai vu fabriquer quoi? *les articles*
Pas d'accord avec ce COD *articles* placé avant le participe passé (les articles ne peuvent pas faire l'action de fabriquer)

6 – Forme impersonnelle

La forme impersonnelle est toujours construite avec le pronom «il» (pronom neutre ne représentant ni une personne ni un animal ni une chose)

⇨ **Participe passé toujours invariable**

Remarque:
Un verbe impersonnel est un verbe qui s'emploie seulement à la 3e personne du singulier: le pronom «*il*» ne représente pas alors un être humain, un animal ou une chose :

Les orages qu'il a fait cet été.
Le participe passé reste dans ce cas toujours **invariable.**

*Il s'agit des nouvelles organisations qu'il y a **eu** cette année.*

Il = pronom impersonnel → pas d'accord

À RETENIR

- Repérez l'auxiliaire avoir ou être ou le verbe d'état pour être en mesure de bien accorder.

- Les participes passés employés avec l'auxiliaire avoir s'accordent avec le COD placé avant lui.

- Posez les bonnes questions pour trouver le sujet ou le COD et ainsi bien accorder.

- Les participes passés employés avec l'auxiliaire être s'accordent avec le sujet quelle que soit sa place.

- Les participes passés employés à la voix passive (avoir + été) s'accordent avec le sujet quelle que soit sa place.

- Les participes passés peuvent aussi être utilisés comme adjectifs.

- Consultez fréquemment les tableaux de cette fiche qui constituent la synthèse de l'ensemble des cas.

Mise en pratique fiche 22

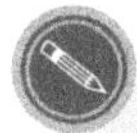 **EXERCICE**

100 phrases d'entraînement aux accords de participes passés

Nous vous proposons 100 phrases intégrant tous les cas de participes passés. Vous pourrez ainsi tester vos connaissances. À la fin du livre, vous trouverez un corrigé qui vous permettra de prendre conscience de vos points faibles de manière constructive. En effet, chaque participe passé possède un numéro qui correspond aux règles exposées dans le tableau général de la p. 296 Si vos fautes comportent les mêmes numéros, il vous sera facile de déterminer, dans le tableau, les règles à réviser tout particulièrement.

– Si votre total est situé entre 70 à 95 phrases correctes ; il dénote seulement quelques points mal connus.

– En dessous de 70, votre résultat est faible. Vous devez vraiment approfondir l'ensemble des règles (connaissance de la règle + mécanisme de la règle à bien appliquer).

Accordez les participes passés suivants :

1. De fortes échéances auxquelles nous ne pouvons faire face nous ont **contraint...** à déposer notre bilan.

2. Ils se sont **connu...** lors de cette manifestation.

3. Nous avons suivi... ce chemin qui nous a **conduit...** à la réussite.

4. Ils nous furent **envoyé...** à cette occasion.

5. Les meilleurs soins ont été **apporté...** à cette livraison.

6. Vous avez **dû...** recevoir une partie des articles commandés qui, je l'espère, vous ont **donné...** entière satisfaction.

7. Nous vous envoyons d'autres exemplaires de ces catalogues pour le cas où ceux qui vous étaient **adressé...** ne vous seraient pas **parvenu...**

8. L'installation de nouvelles machines nécessaires à cet effet a **demandé...** plus de temps que prévu.

9. Les personnes qu'il nous a **fait...** rencontrer nous ont **expliqué...** leurs problèmes.

10. Ils leur ont **nui...** par cette nouvelle politique de vente.

11. Ils se sont **serré...** dans l'ascenseur.

12. La valeur de ces divers mobiliers a été **estimé...** à plus de 15 000 euros.

13. Êtes-vous **persuadé...** de sa culpabilité, messieurs ?

14. Ils se sont **vu...**, ils se sont **parlé...** ils se sont ensuite **oublié...**

15. Cette situation nous aurait **exposé...** à de graves difficultés.

16. Vous vous êtes, bien sûr, **écrit...** à cette occasion.

17. Les commandes que nous nous sommes **engagé...** à vous expédier avant le 19 mai prochain ne sont pas encore prêtes.

18. Elle s'est *organisé…* afin de remplir sa tâche au mieux.

19. Nous ne serions pas pour autant *dispensé…* du paiement de cette facture.

20. Je crains qu'il ne vous ait pas *fait…* parvenir cette facture.

21. Nous regrettons d'être *obligé…* de vous demander de patienter encore quelques jours.

22. Ces marchandises nous ont été *adressé…* le 19 mars dernier.

23. Les responsabilités sont-elles *partagé…* ?

24. Par votre lettre du 22 avril dernier, vous nous avez *adressé…* une commande de 500 boîtes d'allumettes.

25. Elle les a *encouragé…* et leur a ensuite *offert…* de participer à ce séminaire.

26. Cette défectuosité est, selon nous, *dû…* au manque de rigidité de l'acier *employé…*

27. Ils les ont *vu…*, ils leur ont *parlé…* peu après.

28. Aurions-nous été *intéressé…* par ce document ?

29. Les personnes que nous avons *rencontré…* nous ont *semblé…* très compétentes.

30. Les bâtiments que nous avons *vu…* construire sont maintenant habités.

31. Il s'agit d'une situation qui nous a *amené…* à bien des concessions.

32. Nous vous envoyons les documents que nous a *proposé…* cet organisme.

33. Ces personnes, nous les avons *vu…* accéder à de nouvelles responsabilités.

34. Nos articles étaient, nous tenons à le rappeler, *garanti…* un an contre tout défaut de fabrication.

35. Nous leur avons *demandé…* de venir.

36. Nous regrettons que cette lettre ne nous soit pas *parvenu…*

37. Ils se sont *imposé…* une discipline très dure.

38. Dans le cas où cette preuve n'aurait pas été *fourni...* dans les vingt-quatre heures, j'adresserais une requête à M. le Président du tribunal.

39. Les objets que nous avons *choisi...* d'exposer sont à votre entière disposition.

40. Ayant bien *reçu...* votre commande, dont nous vous remercions, nous nous empressons d'y donner suite.

41. Ils se sont vite *fatigué...*

42. Il nous serait très agréable qu'il vous eût *échangé...* cette marchandise.

43. Elles se sont *permis...* de vous téléphoner.

44. Les commandes qu'il vous a *passé...* le 20 avril dernier ne lui sont pas encore *parvenu...*

45. Vous les avez alors *prié...* de venir vous rejoindre.

46. Une hausse des prix enregistrée depuis le début de la présente année a *touché...* nos récents approvisionnements.

47. D'autre part, la compagnie d'assurances, après avoir *fait...* les constatations d'usage, n'a pas encore *procédé...* à l'indemnisation de ce sinistre.

48. Veuillez croire que nous sommes sincèrement *navré...* d'être *obligé...* de vous signaler ce fâcheux incident.

49. Ces marchandises ont été *livré...* franco de port.

50. Les anciens stocks d'articles lui seront *donné...* en main propre.

51. Vous vous êtes *expédié...* plusieurs lettres.

52. Les délais de livraison étant largement *dépassé...*, ces articles ne présentent plus pour nous le même intérêt.

53. Cette commande avait été *effectué...* en prévision de l'ouverture de la nouvelle station balnéaire.

54. Ayant *enregistré...* le rejet des réserves que j'avais *formulé...* à ce sujet, je n'ai pas *procédé...* à l'enlèvement de la marchandise.

55. La résiliation aurait pu être *notifié...* dans la lettre de mise en demeure.

56. Il n'a pas *reçu...* la lettre que je lui ai *envoyé...* le 10 mai dernier.

57. Ils se sont *nui...* en se faisant une concurrence déloyale.

58. Nous nous sommes *fait...* connaître.

59. Un problème a *surgi...* alors, qui nous a *dépassé...*

60. Les responsables nous ont *appelé...*, nous leur avons *répondu...*, cette fois-ci, sans craintes.

61. De tels propos, ils se les sont vraiment *tenu...*

62. Des plans couvraient une grande table que l'on avait, à cette occasion, *porté...* dans le bureau principal.

63. Ces classeurs verticaux, dès leur installation, s'étaient *révélé...* défectueux.

64. Nous avons *changé...* le cadre, *réorganisé...* les services, *formé...* le personnel.

65. Les instruments qu'elles se sont *distribué...* étaient de grande qualité.

66. Comme tout le monde, je parlais des choses que je n'avais pas *vécu...*

67. Ils se sont *adressé...* des remontrances.

68. Nous nous sommes *étonné...* de cette initiative.

69. Ces arbres, je les ai *vu...* abattre récemment.

70. Elle nous a *soutenu...* lors de cette affaire, elle nous a *donné...* beaucoup de force.

71. Ils se sont *abstenu...* de voter.

72. Qu'étaient réellement *devenu...* ces plans ?

73. C'est une région où se sont *conservé...* des espèces parfois rares.

74. Ils se sont beaucoup *plu...*

75. Cette perspective, me disait-il, avait été autrefois *envisagé...*

76. Elles se sont *enquis...* de sa santé.

77. Elle s'est *cassé...* au cours du transport.

78. Les lumières se sont *allumé...* ensemble.

79. Ils se sont alors *enfui...* avec la caisse.

80. Auraient-ils *eu...* ce courage ?

81. Les a-t-il *connu...* ces personnes ?

82. Je les avais *informé...* que je faisais procéder à une nouvelle étude.

83. Dans le souci de répondre favorablement à la demande, nous avons *retenu...* l'hypothèse la plus intéressante.

84. L'équilibre financier de cette opération n'a *pu...* cependant être *atteint...*

85. Jusqu'à ce jour, les immeubles ont été parfaitement *chauffé...*

86. D'autres contrats vont être *établi...* par cette équipe.

87. Les avez-vous *convaincu...* de votre bonne foi ?

88. Nous les avons *séduit...* grâce à nos nouveaux produits.

89. Se seraient-ils *écrit...* à ce sujet ?

90. Des projets de ce type, je les ai toujours *approuvé...*

91. Ils se sont *demandé...* les raisons de cette intervention.

92. Il s'agit, d'après nous, d'un contrat qui les a beaucoup *lié...* à la vie de l'entreprise.

93. Que de doutes sont *mêlé...* à vos propos !

94. On craint que vos suggestions ne soient, dans le contexte actuel, *retenu...* que par une élite.

95. Auraient-ils été *interrogé...* sur ce sujet ?

96. Pourquoi se sont-ils *engagé...* dans cette affaire aussi peu saine ?

97. Les difficultés qui se sont *succédé...* nous les avons *surmonté...* peu à peu.

98. Nous l'avons bien sûr *cru...* car elle s'était toujours *montré...* très honnête.

99. J'ai alors *contesté...* les raisons qu'il a *invoqué...*

100. Il est question des nouvelles organisations qu'il y a *eu...* cette année.

Après avoir fait ce test, vous serez apte à résoudre tous les cas d'accord de participes passés que vous rencontrerez désormais…

Corrigé page 296

DÉJOUER LES POINTS À PROBLÈMES EN CONJUGAISON

Les terminaisons des verbes

La langue française est composée d'environ 12 000 verbes, divisés en trois groupes. Chaque groupe entraîne des terminaisons spécifiques :

- 1er groupe : les verbes terminés par *er* (la plupart des verbes appartiennent au 1er groupe) ;
- 2e groupe les verbes terminés par *ir* ;
- 3e groupe les verbes terminés par *ir, oir* et *re*.

Les terminaisons des 12 000 verbes suivent les principes des tableaux suivants à l'exception des verbes **pouvoir, vouloir** *et* **valoir, convaincre** *et des verbes* **aller, cueillir, offrir, ouvrir, souffrir** *et de leurs dérivés.*

Les auxiliaires être et avoir

Les auxiliaires être et avoir ne posent pas de problèmes d'écriture dans la plupart des cas.

Il faut cependant être attentif à leur écriture et la mémoriser :

- au passé du subjonctif,
- au passé de l'impératif ;

et à l'accentuation sur les verbes

- au passé simple,
- au subjonctif plus-que-parfait à la 3e personne.

Les terminaisons de tous les temps de la conjugaison

Le tableau récapitulatif suivant doit vous donner une vue d'ensemble de toutes les terminaisons des temps de la conjugaison pour une efficacité optimale.

Mode indicatif – 8 temps

Ce mode regroupe tous les temps qui expriment les événements concrets de la vie. C'est le mode de la réalité par lequel on transmet les informations courantes.

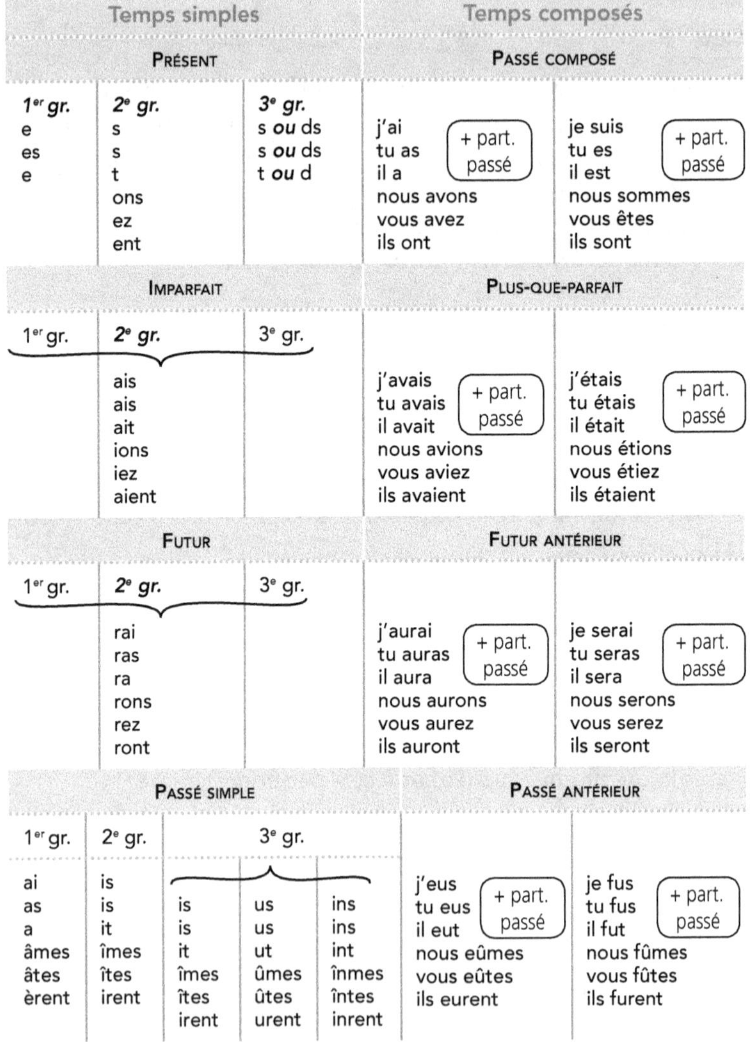

Temps simples			Temps composés	
PRÉSENT			**PASSÉ COMPOSÉ**	
1er gr. e es e	**2e gr.** s s t ons ez ent	**3e gr.** s *ou* ds s *ou* ds t *ou* d	j'ai tu as il a nous avons vous avez ils ont + part. passé	je suis tu es il est nous sommes vous êtes ils sont + part. passé
IMPARFAIT			**PLUS-QUE-PARFAIT**	
1er gr.	**2e gr.**	3e gr. ais ais ait ions iez aient	j'avais tu avais il avait nous avions vous aviez ils avaient + part. passé	j'étais tu étais il était nous étions vous étiez ils étaient + part. passé
FUTUR			**FUTUR ANTÉRIEUR**	
1er gr.	**2e gr.**	3e gr. rai ras ra rons rez ront	j'aurai tu auras il aura nous aurons vous aurez ils auront + part. passé	je serai tu seras il sera nous serons vous serez ils seront + part. passé
PASSÉ SIMPLE			**PASSÉ ANTÉRIEUR**	
1er gr.	2e gr.	3e gr.		

PASSÉ SIMPLE (détail 3e gr.) et **PASSÉ ANTÉRIEUR** :

1er gr.	2e gr.	3e gr.			Passé antérieur	
ai	is	is	us	ins	j'eus tu eus il eut nous eûmes vous eûtes ils eurent + part. passé	je fus tu fus il fut nous fûmes vous fûtes ils furent + part. passé
as	is	is	us	ins		
a	it	it	ut	int		
âmes	îmes	îmes	ûmes	înmes		
âtes	îtes	îtes	ûtes	întes		
èrent	irent	irent	urent	inrent		

Mode impératif – 2 temps

Ce mode regroupe les temps de l'ordre, du conseil, du souhait.

Temps simples			Temps composés	
IMPÉRATIF PRÉSENT			**IMPÉRATIF PASSÉ**	
1ᵉʳ gr. e ons ez	2ᵉ gr. ⎫ 3ᵉ gr. s ons ez		aie ayons ayez — + part. passé	sois soyons soyez — + part. passé

Mode conditionnel – 3 temps

Ce mode regroupe tous les temps exprimant les événements soumis à une condition : la condition proprement dite, mais aussi la politesse, le rêve, etc.

Temps simples			Temps composés	
CONDITIONNEL PRÉSENT			**CONDITIONNEL PASSÉ 1ʳᵉ FORME**	
1ᵉʳ gr.	2ᵉ gr.	3ᵉ gr.	j'aurais — + part. passé tu aurais il aurait nous aurions vous auriez ils auraient	je serais — + part. passé tu serais il serait nous serions vous seriez ils seraient
	rais rais rait rions riez raient			
			Conditionnel passé 2ᵉ forme	
			j'eusse — + part. passé tu eusses il eût nous eussions vous eussiez ils eussent	je fusse — + part. passé tu fusses il fût nous fussions vous fussiez ils fussent

Mode subjonctif – 4 temps

Le subjonctif est par excellence le temps des subordonnées.

Ce mode regroupe tous les temps qui complètent l'expression d'un état d'âme exprimée par la proposition principale (de la joie, à l'angoisse ou la colère).

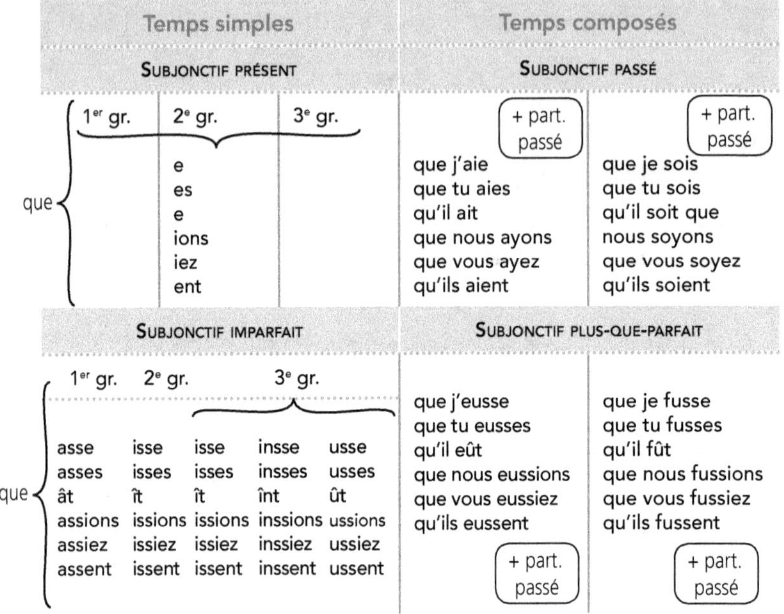

Les points à problèmes de la conjugaison

Les points de la conjugaison des pages suivantes peuvent entraîner des fautes d'orthographe :

Mode indicatif

Temps simples	Temps composés
Présent	**Passé composé**
1er groupe ↳ Les verbes possédant un Y dans leur infinitif comme *employer ou payer*. • Les verbes en YER comme *employer* perdent leur Y au bénéfice d'un i aux 3 personnes du singulier et à la dernière personne du pluriel. • Les verbes en AYER comme *payer* peuvent suivre cette précédente règle ou conserver leur Y à toutes les personnes. ↳ Les verbes en ELER ou ETER doublent le L ou le T devant un E muet : *j'appelle, mais vous appelez.* **3e groupe**	AUCUNE EXCEPTION
↳ Les verbes en INDRE-SOUDRE perdent le D aux 3 personnes du singulier au profit de la terminaison normale *résoudre : je résous, tu résous, il résout.* ↳ Les verbes possédant TT dans leur infinitif en perdent un aux 3 personnes du singulier *rabattre : je rabats, tu rabats, il rabat.* ↳ Les verbes possédant T dans leur infinitif le perdent aux 2 premières personnes du singulier *paraître : je parais, tu parais, il paraît.*	AUCUNE EXCEPTION
Imparfait	**Plus-que-parfait**
↳ Les verbes en IER – YER – GNER – LLER N'oubliez pas à la 1re et 2e personne du pluriel de mettre un *i :* Verbes en IER = iions – iiez Verbes en YER = yions – yiez Verbes en GNER = gnions – gniez Verbes en LLER = liions – liiez	AUCUNE EXCEPTION
Futur	**Futur antérieur**
↳ Les verbes en IER possèdent, comme les autres verbes du futur, l'infinitif en entier : *j'oublierai, je plierai, je trierai.* N'oubliez pas le E. ↳ Les verbes en YER changent leur Y en IE : *Nous essuierons.*	AUCUNE EXCEPTION

Passé simple	Passé antérieur
↳ Aucune exception particulière. Sa difficulté tient aux formations différentes selon les groupes (voir tableau précédent).	AUCUNE EXCEPTION

Mode conditionnel

Temps simples	Temps composés
Conditionnel présent	**Conditionnel passé 1re forme**
↳ Les verbes en IER possèdent, comme les autres verbes du futur, l'infinitif en entier : *j'oublierais, je plierais, je trierais.* N'oubliez pas, comme au futur de l'indicatif, le E. ↳ Les verbes en YER changent leur Y en IE *Nous essuierons.*	AUCUNE EXCEPTION
	Conditionnel passé 2e forme
	Remarquez que ce temps s'écrit comme le plus-que-parfait du subjonctif : *S'il eût voulu*

Mode subjonctif

Temps simples	Temps composés
Subjonctif présent	**Subjonctif passé**
↳ Les verbes en IER-YER-GNER-LLER. N'oubliez pas, comme à l'imparfait de l'indicatif, à la 1re et la 2e personne du pluriel, de mettre un *i* : Verbes en IER = iions – iiez Verbes en YER = yions – yiez Verbes en GNER = gnions – gniez Verbes en LLER = liions – liiez	AUCUNE EXCEPTION
Subjonctif imparfait	**Subjonctif plus-que-parfait**
Aucune exception particulière. Sa difficulté réside, comme pour le passé simple de l'indicatif, dans ses formations différentes selon les groupes (voir tableau général de conjugaison).	AUCUNE EXCEPTION

Mode impératif

Temps simples	Temps composés
IMPÉRATIF PRÉSENT	IMPÉRATIF PASSÉ
AUCUNE EXCEPTION	AUCUNE EXCEPTION

Attention ! Se méfier à l'impératif présent des S rajoutés aux E pour les verbes du 1er groupe dans les cas suivants :

RetourneS-y – MangeS-en. Le S n'existe là que pour une question d'euphonie (pour éviter le heurt de deux voyelles).

À RETENIR

- Pour mettre les bonnes terminaisons des verbes, maîtrisez les groupes et l'écriture des auxiliaires être et avoir.

- Pour bien orthographier les verbes, retenez absolument :

  – les anomalies des 1er, 2e, 3e groupes au présent de l'indicatif ;

  – les anomalies de l'imparfait de l'indicatif ;

  – les anomalies des verbes du 1er groupe au futur de l'indicatif et au présent du conditionnel.

Mise en pratique fiche 23

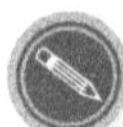 EXERCICES

1) Conjuguez les verbes au temps et à la personne indiquée :

1. acquérir	subjonctif présent	Je......................
2. sortir	subjonctif imparfait	il......................
3. partir	subjonctif passé	tu......................
4. voir	subjonctif présent	je......................
5. rejeter	présent de l'indicatif	nous......................
6. envoyer	imparfait de l'indicatif	nous......................
7. convenir	passé simple	il......................
8. choisir	futur antérieur de l'indicatif	vous......................
9. transmettre	passé antérieur de l'indicatif	vous......................
10. remarquer	plus-que-parfait de l'indicatif	je......................
11. jeter	futur de l'indicatif	ils......................
12. appeler	conditionnel présent	ils......................
13. recevoir	conditionnel passé	il......................
14. démultiplier	subjonctif présent	nous......................
15. lire	subjonctif passé	ils......................
16. confondre	subjonctif imparfait	il......................
17. acquérir	présent de l'indicatif	il......................
18. conclure	passé simple de l'indicatif	je......................
19. venir	futur de l'indicatif	je......................
20. délayer	conditionnel passé	nous......................
21. engager	subjonctif présent	il......................
22. regretter	subjonctif imparfait	Tu......................

23. choisir   subjonctif passé   il........................

24. craindre   présent de l'indicatif   je........................

25. résoudre   passé simple de l'indicatif   nous........................

2) À quels temps sont les verbes suivants ?

1. j'avais admis ....

2. vous avez pu ....

3. tu auras transmis ....

4. vous serez arrivé ....

5. ils auraient su ....

6. ils aient pu ....

7. vous passerez ....

8. nous payions ....

9. vous fîtes ....

10. je conclurais ....

11. il soit venu ....

12. tu essaieras ....

13. nous étions arrivés ....

14. ils portaient ....

15. ils eussent voulu ....

16. nous comprîmes ....

17. elle a lu ....

18. j'aurais vu ....

19. ils parlent ....

20. nous ayons fui ....

Corrigé page 300

CONCORDANCE DES TEMPS AU CONDITIONNEL ET AU SUBJONCTIF

La concordance des temps s'applique au conditionnel et au subjonctif. Nous verrons dans cette fiche comment effectuer ces deux concordances qui conduisent les rédacteurs à commettre des fautes dans des phrases courantes.

Quel est le principe de la concordance ?

Le temps de la subordonnée, reliée à la principale par une conjonction de subordination, dépend du temps de la principale :

*Je **souhaite** qu'il **comprenne** ce sujet.*

↓   ↓

Principale   Subordonnée
Présent de l'indicatif   **Présent du subjonctif**

La concordance des temps au futur ou conditionnel

La concordance des temps au conditionnel s'applique lorsque la subordonnée est introduite par « *si* ». Celle-ci est à l'origine de nombreuses fautes car les rédacteurs hésitent souvent entre le futur ou le conditionnel. Ils réagissent alors à l'intuition plutôt qu'en suivant un raisonnement grammatical. Dans les e-mails, e-lettres ou lettres, la condition est exprimée lors de la proposition d'un choix, particulièrement dans le cas de réclamations.

Grâce au tableau présenté dans cette fiche, vous saurez désormais appliquer sans difficultés la concordance des temps et votre accord ne sera plus lié au hasard.

Quand employer le futur de l'indicatif ou le conditionnel avec la conjonction «si» exprimant une supposition ou une condition?

Proposition principale	Proposition subordonnée après si
Futur simple de l'indicatif *Je lui demanderai.*	si + présent de l'indicatif *si je le vois…*
Conditionnel présent *Je lui demanderais.*	si + imparfait de l'indicatif *si je le voyais…*
Conditionnel passé 1re forme *Je serais allé lui demander.* *Je lui aurais demandé*	si + plus-que-parfait de l'indicatif *si je l'avais vu*

Attention!

Il est possible d'inverser les propositions: la concordance s'applique de la même manière dans les deux cas.

La concordance des temps au subjonctif

Contrairement à ce que certains pensent, le présent et le passé du subjonctif ne sont pas des temps peu utilisés. Bien au contraire, l'emploi du subjonctif présent et passé est d'un usage constant, que ce soit dans l'expression orale ou écrite dans la vie personnelle comme dans la vie professionnelle.

À quel moment utilise-t-on le subjonctif?

Il est utilisé dans les propositions subordonnées…

Lorsque le verbe de la principale exprime:

- une volonté: *je souhaite qu'il vienne.*
- une crainte: *il appréhende qu'elle le voie.*
- un sentiment: *elle s'étonne qu'il la reconnaisse.*
- un jugement: *il mérite qu'elle le félicite.*
- un doute: *je doute qu'il la voie.*

Locutions entraînant le subjonctif

- le but :   *afin que, pour que*
- la cause :   *non que, non pas que, ce n'est pas... que*
- la manière :   *pour que, de façon que, sans que, de manière que, de sorte que*
- l'attente :   *avant que, jusqu'à ce que, en attendant que*
- la crainte :   *de peur que, de crainte que*
- la concession :   *bien que, quoi que, au lieu que, encore que, à moins que*
- la condition :   *à condition que, moyennant que, à moins que, à supposer que, pourvu que*
- le doute :   *qui... que, quoi... que, quelque + adj. + que*
- le lieu :   *où que*

Après les verbes impersonnels exprimant le doute, le jugement, le sentiment

Il faut, il importe, il convient, il est temps, il vaut mieux, il est bon, il est utile, il est fâcheux, il est important, il est possible, il est rare, il est naturel, il est nécessaire, il est souhaitable, il est regrettable.

L'imparfait et le plus-que-parfait du subjonctif ne sont utilisés actuellement qu'à la 3e personne du singulier. Ce sont les autres personnes de ces deux temps qui sont de moins en moins utilisés et donnent l'impression que le subjonctif n'existe plus.

Au moyen du tableau présenté ci-après, vous saurez appliquer la concordance au subjonctif sans difficultés.

La concordance des temps au subjonctif

PROPOSITIONS PRINCIPALES À L'INFINITIF	PROPOSITIONS SUBORDONNÉES AU SUBJONCTIF	
	ÉVÉNEMENT PRÉSENT OU FUTUR	ÉVÉNEMENT PASSÉ
1ER CAS	SUBJONCTIF PRÉSENT	SUBJONCTIF PASSÉ
❏ présent ❏ futur ❏ futur antérieur	*Il faut qu'il accepte* *Il faudra qu'il accepte* *Il aura fallu qu'il accepte*	*Il faut qu'il ait accepté* *Il faut qu'il soit arrivé* *Il faudra qu'il ait accepté* *Il faudra qu'il soit arrivé* *Il aura fallu qu'il ait accepté* *Il aura fallu qu'il soit arrivé*
2E CAS	SUBJONCTIF IMPARFAIT	SUBJONCTIF PLUS-QUE-PARFAIT
❏ Imparfait ❏ passé simple ❏ passé composé ❏ plus-que-parfait ❏ passé antérieur	*Il fallait qu'il acceptât* *Il fallut qu'il acceptât* *Il a fallu qu'il acceptât* *Il avait fallu qu'il acceptât* *Il eut fallu qu'il acceptât*	*Il fallait qu'il eût accepté* *Il fallait qu'il fût arrivé* *Il fallut qu'il eût accepté* *Il fallut qu'il fût arrivé* *Il a fallu qu'il eût accepté* *Il a fallu qu'il fût arrivé* *Il avait fallu qu'il eût accepté* *Il avait fallu qu'il fût arrivé* *Il eut fallu qu'il eût accepté* *Il eut fallu qu'il fût arrivé*
3E CAS	SUBJONCTIF PRÉSENT	SUBJONCTIF PASSÉ
PROPOSITIONS PRINCIPALES AU CONDITIONNEL (TOLÉRANCE)		
❏ présent ❏ passé	*Il faudrait qu'il accepte* *Il aurait fallu qu'il accepte*	*Il faudrait qu'il ait accepté* *Il faudrait qu'il soit arrivé* *Il aurait fallu qu'il ait accepté* *Il aurait fallu qu'il soit arrivé*

 **Tolérances : arrêté du 28 décembre 1976**
On tolérera le présent du subjonctif au lieu de l'imparfait dans les propositions subordonnées dépendant de propositions dont le verbe est au conditionnel : nous doutons qu'il accepte, plutôt que : nous doutons qu'il acceptât.

Dans ce cas, Littré avait écrit : « Il est non seulement permis de mettre le présent du subjonctif mais, la plupart du temps, cela vaut mieux que l'imparfait et est moins apprêté et moins puriste. »

À RETENIR

- Dans la concordance des temps au conditionnel comme au subjonctif, c'est le temps de la principale qui détermine le temps de la subordonnée.

- Pour la concordance des temps au subjonctif et au conditionnel, il suffit d'appliquer les raisonnements proposés dans cette fiche et vous serez en mesure d'accorder désormais sans difficultés.

 Mise en pratique fiche 24

✏️ EXERCICES

I) Appliquez la concordance des temps dans les phrases suivantes:

1. S'il fait froid, ils **allumer**...... le chauffage.

2. S'il faisait froid, ils **allumer**........ le chauffage.

3. S'il avait fait froid, ils **allumer**.......... le chauffage.

II) Quelles sont les phrases correctes entre ces phrases presque similaires?

1. Il vous donnera le code d'accès à son ordinateur, si vous le lui demandez.

2. Il vous donnerait le code d'accès à son ordinateur, si vous lui demandiez.

3. Il vous aurait donné le code d'accès à son ordinateur, si vous lui aviez demandé.

4. Il vous aura donné le code d'accès à son ordinateur si vous lui avez demandé.

5. Si vous transmettez les notes de service, nous aurions pu retenir les dates.

6. Nous ne serions pas en retard, si vous aviez effectué les tâches administratives en temps et en heure.

III) Appliquez la concordance des temps dans les phrases suivantes:

1. S'il avait rencontré cette personne, il l'(**inviter**)...... à sa conférence.

2. Si tu avais assisté à la réunion, tu (**pouvoir**)...... faire le compte rendu.

3. Au cas où vous (**prendre**)..... l'avion, il vous (**falloir**)....... un passeport.

4. Si j'avais eu à réaliser ce projet c'est à lui auquel je (**penser**)…….
   pour le design.

5. Vous (**réussir**)…….., si vous aviez élaboré une stratégie.

6. S'il arrive à convaincre les électeurs il (**devenir**)…..Président.

7. S'il remplit les conditions, il (**entrer**)….. dans la fonction publique.

8. S'il a payé ses impôts après le 15 novembre, il (**avoir**)….. une
   majoration.

9. S'il implantait une usine dans cette région, il (**pouvoir**)………
   développer l'emploi.

10. Nous (**vouloir**)…….. être professeurs, si nos parents ont les
    moyens financiers de subvenir à nos études.

**IV) Mettez les phrases suivantes au subjonctif présent ou impar-
fait selon le cas:**

1. Nous admettons qu'il se (**tromper**)………………………………

2. Je juge indispensable que vous (**effectuer**)………………………………
   ce travail dans les plus brefs délais.

3. J'estimais nécessaire qu'elle (**finir**)……………………………… son
   intervention.

4. Nous souhaitons que nos clients (**avoir**)………… l'assurance de
   trouver en ce lieu tout le confort annoncé.

5. Nous avons envisagé qu'elle (**collaborer**)………………………… .

6. On insiste pour qu'il (**choisir**)……………………………… sa place.

7. Nous avions exigé qu'elle se (**tenir**)………………………………
   tranquille.

8. Je veillerai à ce que vous (**être**)……………………………… prêts à
   temps.

9. Vous conviendrez que je (**pouvoir**)………………………………
   considérer la marchandise comme perdue.

10. Il craignait que les bruits entendus (**provoquer**)………………………
    ………. un incident.

11. Nous étions résignés à ce qu'elle (**employer**) ....
.... cette méthode.

12. J'aurais cru que la taxe n'(**augmenter**)...................................
pas.

13. Nous ferons en sorte que tout (**être rangé**)...................................
à son arrivée.

14. Je vous ai demandé de faire le nécessaire pour que notre fournisseur (**envoyer**)...............le colis.

15. Nous eûmes compris qu'il (**assister**)................................... à
cette réunion.

16. Vous n'acceptiez pas que cette norme (**entrer**) ....
en ligne de compte.

17. Je juge nécessaire que vous vous (**plier**)...................................
aux exigences du règlement.

18. Il aurait été bon que le conseiller en formation (**être**)...............
en relation directe avec les entreprises.

19. Il douta qu'il (**voir**)................................... le directeur.

20. Il exige que les nouveaux employés (**suivre**)...........................
un cours de comptabilité.

Corrigé page 300

ÉLIMINER LES INCORRECTIONS

Nous appréhendons de mal écrire ou de mal parler. Cette crainte est souvent justifiée car des incorrections peuvent, à notre insu, émailler notre langage. Ainsi, nous avons constaté qu'un grand nombre de gens ignorent que le mot «pécunier» n'existe pas, cet adjectif possédant un masculin et un féminin identiques: «pécuniaire». Certaines personnes vous jugeront sur ces erreurs en apparence anodines et s'en souviendront en votre défaveur.

Les principales incorrections courantes peuvent être répertoriées en néologismes, solécismes, barbarismes, paronymes, pléonasmes. Dans cette fiche, nous avons réuni les incorrections principales à éliminer de l'expression écrite et orale au quotidien.

Méfiez-vous de ces cinq incorrections de base et remettez désormais en question vos propres formulations…

Néologismes

La langue évolue. Il suffit de penser qu'elle a pour origine l'ancien français, très différent de notre langue actuelle. Son évolution est due, en partie, aux progrès et aux nouvelles technologies qui créent d'autres besoins et enrichissent notre langue de mots nouveaux: les néologismes. L'exploration de la Lune nous a ainsi contraints à inventer le mot «alunir». Quant au mot e-mail, il est apparu avec l'Internet après quelques tâtonnements. Les néologismes sont donc nécessaires et témoignent de l'évolution d'une civilisation.

Cependant, il est regrettable de créer des mots nouveaux lorsque la langue possède déjà un mot qui traduit parfaitement la situation, le fait que nous souhaitons exprimer. Ainsi, nous avons vu apparaître le terme «solutionner» à la place de «résoudre», etc. Ces créations sont à attribuer, d'une part, à la facilité que peut offrir la construction de mots nouveaux (emploi d'un verbe du 1er groupe à la place d'un verbe du 3ᵉ groupe plus difficile), d'autre part, aux mauvaises habitudes de certaines professions qui aiment se singulariser grâce à l'emploi de mots d'origine étrangère (anglaise ou américaine pour la plupart).

Que faire devant l'afflux de néologismes ? Vérifiez, en premier lieu, leur existence dans un dictionnaire récent :

▶ s'ils existent, vous pouvez les employer – *teasing :* message publicitaire, *deadline :* date limite, *news :* informations, actualités ;

▶ s'ils n'existent pas, appliquez-vous à les utiliser modérément, si c'est le vocabulaire de votre secteur professionnel ou à rechercher le mot français exact.

Solécismes

Le solécisme est une faute de syntaxe portant sur la construction de la phrase :

▶ mauvais emploi ou oubli des prépositions ;

▶ emploi des prépositions où il est inutile d'en mettre (verbes transitifs, verbes ne possédant pas de complément d'objet direct) ;

▶ emploi du verbe « avoir » à la place du verbe « être ».

Principaux solécismes

INCORRECT	CORRECT
La machine **à** Mme Untel	La machine **de** Mme Untel
Pour deux **à** trois personnes	Pour deux **ou** trois personnes
Aller **au** médecin	Aller **chez le** médecin
La clef est **après** la porte	La clef est **sur** la porte
Il est furieux **après** vous	Il est furieux **contre** vous
Aussitôt son retour	**Aussitôt après** son retour
Il a demandé **après** vous	Il **vous a demandé**
Cette nouvelle s'est **avérée** fausse	Cette nouvelle s'est **révélée** fausse
Ces robes coûtent 30 euros **chaque**	Ces robes coûtent 30 euros **chacune**
Nous **avions** convenu	Nous **étions** convenus
D'ici demain	**D'ici** à demain
Demeurer **en face la** mairie	Demeurer **en face de** la mairie
Être gré	**Savoir** gré
Ce n'est **pas de sa** faute	Ce n'est **pas sa** faute
Gagner 15 euros **de** l'heure	Gagner 15 euros **l'heure**

Incorrect	Correct
Vous n'êtes pas sans **ignorer**	Vous n'êtes pas sans **savoir**
Pallier à un inconvénient	**Pallier un** inconvénient
Partir à Bordeaux	Partir **pour** Bordeaux
Partir **en** Italie	Partir **pour** l'Italie
Il **préjuge de** la suite des événements	Il **préjuge la** suite des événements
Au point **de vue** congés	Au point **de vue des** congés
Le **problème** voiture	Le **problème de** la voiture
Je m'en rappelle	Je **me le** rappelle
Rapport à sa mauvaise santé	**En raison de** sa mauvaise santé
Lire **sur** le journal	Lire **dans** le journal
Des fois	**Parfois**
Une supposition que	**Supposé que**

Barbarismes

Le barbarisme est une faute due à l'altération du sens du mot.

Courrier signifie : totalité des lettres, d'e-mails ou d'e-lettres que l'on écrit ou que l'on reçoit. Il ne faut pas employer ce terme pour désigner une seule lettre, e-lettre, ou un seul e-mail.

Ne dites pas : *« Nous nous référons à votre courrier du...........»*,
Dites plutôt : *« Nous nous référons à votre lettre (ou votre e-mail) du...........»*

Correspondance signifie : échange de lettres, d'e-mails ou d'e-lettres. Il ne faut généralement pas employer ce terme pour désigner un seul de ces documents.

Ne dites pas : *« Votre correspondance du 4 juin dernier nous est parvenue avec 15 jours de retard. »*
Dites : *« Votre lettre du 4 juin dernier nous est parvenue avec 15 jours de retard. »*

N'écrivez pas :

« Le soi-disant problème », mais le *« prétendu problème »* (« soi-disant » ne s'emploie que pour les êtres vivants qui peuvent porter un jugement sur eux-mêmes).
« J'arrive de suite » mais *« j'arrive tout de suite »* (« de suite » signifie successivement, « tout de suite » signifie immédiatement).

Ne confondez pas :

- *Conséquent* signifiant «*conforme à la logique*»
- *Important* signifiant «*considérable*»
- Il faut écrire : *un travail important et non un travail conséquent.*

Il faut se méfier des mots qu'un certain nombre de personnes ont tendance à déformer. Remarquez-en quelques-uns :

Quelques barbarismes

N'ÉCRIVEZ PAS	ÉCRIVEZ
concluer	conclure
courbaturé	courbatu
en définitif	en définitive
périgrination	pérégrination
quipropos	quiproquo
rassénérer	rasséréner
rénumération	rémunération

Paronymes

Le paronyme est un mot qui ressemble à un autre mot en raison d'une prononciation voisine : *abjurer* et *adjurer, accident* et *incident.*

Seules quelques lettres ou syllabes changent la prononciation et l'écriture. Cette similitude crée une confusion possible de sens entre les mots. Nous pouvons les employer, sans nous en rendre compte, les uns pour les autres. Nous ignorons parfois même qu'il existe, pour certains d'entre eux, deux mots : **collusion** et **collision** – de nombreuses personnes pensent en effet que seul le mot **collision** existe.

Nous vous donnons ci-dessous la définition des mots susceptibles d'être rencontrés dans la vie professionnelle et qui peuvent, si vous les utilisez à mauvais escient, porter préjudice à votre image.

Principaux paronymes

acceptation	nom féminin, action d'accepter
acception	nom féminin, sens dans lequel est employé un mot
accident	nom féminin, événement fortuit qui a dans la plupart des cas une suite désagréable et importante
incident	nom masculin, événement peu important

affirmer	verbe, soutenir qu'une chose est vraie
infirmer	verbe, déclarer nul, affaiblir
agonir	verbe, insulter, accabler
agoniser	verbe, être sur le point de mourir
allusion	nom féminin, mot, phrase qui évoque une personne, une chose sans la nommer
illusion	nom féminin, erreur, idée fausse
aménager	verbe, arranger dans un logement
emménager	verbe, transporter ses meubles vers un nouveau logement
apurer	verbe, vérifier un compte et l'arrêter définitivement
épurer	verbe, rendre pur
attention	nom féminin, action de fixer son esprit (on écrit à l'attention de…)
intention	nom féminin, le désir que l'on a de réaliser un but
collision	nom féminin, choc entre deux éléments
collusion	nom féminin, entente secrète entre deux ou plusieurs parties dans le but de tromper quelqu'un
conjecture	nom féminin, opinion qui s'appuie sur des apparences
conjoncture	nom féminin, concours de circonstances ou d'événements
décade	nom féminin, période de dix jours
décennie	nom féminin, période de dix ans
déchiffrer	verbe, comprendre ce qui est mal écrit ou ce qui est obscur
décrypter	verbe, traduire un message secret dont on ne connaît pas le code
dissous	participe passé, annulé, fondu
dissolu	adjectif, corrompu
élocution	nom féminin, manière de s'exprimer
allocution	nom féminin, bref discours
effraction	nom féminin, forcement d'une serrure
infraction	nom féminin, violation d'une loi, d'un décret…

élucider	verbe, éclaircir, expliquer
éluder	verbe, éviter, se soustraire à
émigrer	verbe, quitter son pays
immigrer	verbe, venir s'établir dans un autre pays que le sien
éminent	adjectif, supérieur, remarquable
imminent	adjectif, proche, qui va se produire dans un avenir très prochain
évoquer	verbe, rappeler, mentionner une question, un problème, un fait
invoquer	verbe, appeler à son aide une puissance supérieure, avoir recours à
explicite	adjectif, ce qui est formulé de manière claire
implicite	adjectif, ce qui n'est pas exprimé mais qui existe
exprès	adjectif, précis, net nom et adjectif, qui doit être remis rapidement adverbe, avec une intention formelle
express	nom masculin invariable, train qui va à grande vitesse
humaniste	nom et adjectif, homme avancé dans la connaissance et l'étude des langues et de la littérature ancienne
humanitaire	adjectif, qui s'occupe des intérêts de l'humanité
inclinaison	nom féminin, pente
inclination	nom féminin, désir, goût, tendance à quelque chose autre sens : action de pencher la tête
notable	adjectif, remarquable, important
notoire	adjectif, connu de tous
officiel	adjectif, qui émane du gouvernement ou des autorités reconnues
officieux	adjectif, communication de caractère privé qui émane des autorités mais qui n'a pas encore un caractère public
oiseux	adjectif, qui ne sert à rien, inutile
oisif	adjectif, inoccupé, désœuvré

opportun	adjectif, qui vient à propos
importun	adjectif et nom, qui vient mal à propos
passager	adjectif, momentané nom, personne qui emprunte un moyen de transport
passant	adjectif, se dit d'un lieu très fréquenté nom, personne qui passe
rabattre	verbe, diminuer, rabaisser ce qui s'élève
rebattre	verbe, répéter sans cesse, seulement utilisé dans la locution *«rebattre les oreilles»*
recouvrer	verbe, rentrer en possession de, percevoir des sommes dues
retrouver	verbe, trouver une chose perdue
suggestion	nom féminin, conseil
sujétion	nom féminin, contrainte, dépendance

Pléonasmes

Le pléonasme est la répétition inutile de mots de même sens dans une même phrase. Or, à l'oral, nous ressentons les répétitions nécessaires, comme un moyen d'insister et de préciser les idées qui nous semblent importantes. Sans le savoir, nous créons alors spontanément des pléonasmes.

Souvent maladroits, ils révèlent à l'écrit une méconnaissance du sens des mots.

*Ce travail est **complètement** achevé.*

Achever signifie «finir une chose commencée», il est donc inutile d'ajouter l'adverbe «complètement» qui n'apporte aucune précision complémentaire.

 *Les pléonasmes peuvent être également des fautes de construction : Il n'y a seulement que…*
« ne… que » est une locution adverbiale ayant le sens de « seulement » ; seulement est quant à lui un adverbe modifiant, dans cette phrase, l'auxiliaire « a ». On dit donc deux fois la même chose : notre phrase n'a donc plus de sens.

L'objectif de la lettre ou de l'e-mail professionnels est d'exprimer un message d'une manière concise et claire. Vous pouvez par conséquent améliorer votre expression écrite en éliminant les pléonasmes, désormais identifiés, de votre vocabulaire. Dans ce but, nous avons établi, ci-dessous, la liste des pléonasmes les plus répandus dans le langage des affaires.

Principaux pléonasmes

N'écrivez pas	Écrivez
Accumuler les erreurs les unes sur les autres	Accumuler les erreurs
Après autorisation préalable	Après autorisation
Au reçu de votre lettre qui nous est bien parvenue	Au reçu de votre lettre
Ainsi, par exemple	Ainsi ou par exemple
Car, en effet	Car ou en effet
C'est réciproque de part et d'autre	C'est réciproque
Collaborer ensemble	Collaborer
Comme convenu précédemment	Comme convenu
Comme par exemple	Comme ou par exemple
Comparer entre eux	Comparer
Confronter mutuellement	Confronter
Continuer encore	Continuer
Des perspectives d'avenir	Des perspectives
Devenir par la suite	Devenir
Différer à une date ultérieure	Différer
J'ai ajouté de plus	J'ai ajouté
J'ai été forcé malgré moi de quitter cet emploi	J'ai été forcé de quitter cet emploi
Joindre ensemble	Joindre
Les travaux actuellement en cours	Les travaux en cours
Nos règlements ponctuels et réguliers	Nos règlements ponctuels ou nos règlements réguliers
Nous avons refait encore une demande	Nous avons refait une demande

N'ÉCRIVEZ PAS	ÉCRIVEZ
Par suite d'un hasard imprévu	*Par suite d'un hasard*
Pendant la durée de mon absence	*Pendant mon absence*
Progresser en avant	*Progresser*
Rédiger par écrit	*Rédiger*
Se réunir ensemble	*Se réunir*
Surprendre à l'improviste	*Surprendre*
Toujours encore impayé	*Toujours impayé ou encore impayé*
Une erreur involontaire	*Une erreur*
Un travail complètement achevé	*Un travail achevé*
Votre offre prévient par avance notre attente	*Votre offre prévient notre attente*

À RETENIR

- Utilisez le lexique de l'Académie française pour rechercher des équivalents français aux néologismes.

- Éliminez les fautes de syntaxe (les solécismes).

- Approfondissez le sens des mots (les barbarismes).

- Évitez les confusions entre des mots aux consonances voisines par une connaissance précise du vocabulaire (les paronymes).

- Supprimez les répétitions inutiles des mots (les pléonasmes).

ÉVITER LES RÉPÉTITIONS

Nous n'exploitons pas toutes les possibilités de notre vocabulaire et employons, par facilité, toujours les mêmes mots *faire, avoir, dire, mettre, accord...* Nous avons tendance à répéter le même terme, alors qu'une idée pourrait être exprimée par plusieurs mots de sens voisin : les synonymes. Dans l'écriture professionnelle, la correction exige de ne pas se répéter, sauf s'il s'agit en l'occurrence d'un terme essentiel comme « facture » ou « réclamation ».

La difficulté se situe dans ces mauvaises habitudes qui consistent à toujours utiliser par facilité le même mot. C'est la raison pour laquelle, nous proposons dans cette fiche des phrases d'entraînement et un lexique de synonymes adaptés au langage professionnel. Grâce à cette pratique et à cette suggestion de mots au sens proche, il vous sera désormais plus facile d'acquérir de nouvelles habitudes et d'écarter les répétitions de vos écrits en introduisant parfois des nuances plus subtiles.

Diversifier votre vocabulaire professionnel

L'objectif du lexique et des exercices qui suivent est de vous permettre :
▶ de vous exercer à découvrir la nuance la plus exacte d'un mot ;
▶ de vous habituer à employer d'autres mots ;
▶ d'enrichir votre vocabulaire.

Il faut bien cerner que chaque synonyme possède sa propre nuance :
▶ *donner*, c'est transmettre un objet qui nous appartient ;
▶ *offrir*, c'est proposer quelque chose à quelqu'un, dans l'intention positive de faire un cadeau.

En revanche, dans la langue professionnelle, *donner* et *offrir* pourraient être employés l'un pour l'autre, mais le second terme, véhiculant davantage de positivité, sera à privilégier :

*Je vous ai **donné** la possibilité d'occuper ce poste.*

↓

offert

Utilisez donc un vocabulaire plus varié. Il est regrettable de rencontrer dans une lettre des mots comme *pouvoir* ou *faire*, employés à plusieurs reprises, alors qu'il serait facile de leur substituer un mot équivalent. Cependant, si nous parlons d'une « facture », il est inutile de rechercher un synonyme : nous devons répéter le même mot afin d'éliminer toute ambiguïté ou le remplacer par *celle-ci* ou *cette dernière* (si le mot « facture » est le dernier de la phrase précédente).

Si vous rencontrez des difficultés pour trouver des synonymes dans les exercices situés après le lexique, n'hésitez pas à vous référer à celui-ci pour les mémoriser. Vous constaterez après ces exercices que les mots vous viennent déjà plus facilement. Vous aviez seulement pris la mauvaise habitude d'employer toujours les mêmes mots.

Lexique de synonymes de langage professionnel

A	
accepter	accueillir – acquiescer – admettre – adopter – agréer – approuver – souscrire à
accomplir	créer – effectuer – exécuter – réaliser
accorder	1ᵉʳ sens : allouer – attribuer – consentir – offrir – octroyer 2ᵉ sens : apporter – porter – prêter
accroissement	augmentation – développement
adjoint(e)	aide – collaborateur(trice)
affirmation	allégation – assertion
affirmer	assurer – attester – avancer – certifier – prétendre – soutenir
agrément	autorisation – consentement – accord
aide	apport – appui – assistance – collaboration – concours – participation – secours – soutien
annoncer	communiquer – déclarer – faire connaître – informer

apprendre	aviser – faire savoir – indiquer – informer – préciser
arguments	éléments – motifs
argumenter	arguer – plaider
arrêter	interrompre – stopper – surseoir – suspendre
arriver	aboutir – conclure – parvenir à
assurance	certitude – garantie
assurer	effectuer – procéder
avis	idée – point de vue – opinion – sentiment
avoir	acquérir – assumer – compter – détenir – employer – exercer – exploiter – fournir – gérer – justifier de – obtenir – occuper – posséder – présenter – produire – rassembler – recueillir – remporter – rencontrer – requérir – tenir

C

calculer	chiffrer – établir – évaluer
capacité	aptitude – compétence – faculté – possibilité
cause	circonstance – motif – origine – raison – source
causer	apporter – créer – déclencher – engendrer – entraîner – occasionner – provoquer – soulever – susciter
certain	assuré – convaincu – persuadé – sûr
changement	amélioration – aménagement – modification – perfectionnement – réforme – transformation
changer	améliorer – modifier – perfectionner – remanier – remodeler – restructurer – transformer
collaborer	concourir – contribuer – coopérer – partager
compensation	dédommagement – réparation – indemnité
comporter	contenir – indiquer – mentionner – spécifier – stipuler
comprendre	comporter – contenir – embrasser – englober – inclure – renfermer
concevoir	échafauder – élaborer – envisager – préparer
condition	clause – exigence – prétention

confirmer	maintenir – certifier – corroborer
conformer (se)	appliquer – exécuter – observer – respecter – suivre – tenir compte
consentement	acquiescement – agrément – approbation – permission
conséquence	répercussion – résultat – suite
contribuer	collaborer – concourir – coopérer – participer
D	
découvrir	constater – déceler – relever – remarquer
demander	exiger – ordonner – prier – solliciter – être reconnaissant
dessein	intention – objectif – plan – projet
déterminer	définir – délimiter – établir – fixer – préciser
différer	ajourner – proroger – reculer – remettre – reporter – suspendre
dire	annoncer – avouer – communiquer – confier – dévoiler – expliquer – informer
divergent	contradictoire – opposé
dommage	avarie – dégât – dégradation – déprédation – détérioration
donner	communiquer – diffuser – divulguer – transmettre
E	
échantillon	exemple – spécimen
éclaircir	clarifier – élucider – expliciter
emploi	activité – fonction – poste
envoyer	adresser – expédier – faire parvenir – transmettre
essayer	chercher – s'efforcer – tâcher – tenter
estimation	appréciation – évaluation – expertise
établir	construire – créer – fonder – implanter – installer – instaurer – instituer
évaluer	chiffrer – définir – déterminer – estimer – établir – expertiser – fixer

exprimer	donner – émettre – faire connaître – formuler
F	
Faire	effectuer – entreprendre – exécuter – opérer – passer – procéder – réaliser
G	
garantir (se)	se prémunir – se préserver – se protéger
I	
indiquer	fixer – préciser – signaler – spécifier – stipuler – transmettre
informer	annoncer – avertir – aviser – faire savoir – prévenir
informations	données – indications – précisions – renseignements
invoquer	avancer – développer – faire valoir
J	
juger	apprécier – décider – estimer – évaluer – penser
M	
manque	absence – carence – insuffisance
mettre	apposer – appliquer – installer – placer – poser
montrer	manifester – témoigner
moyen	méthode – procédé – système
N	
négligé	éludé – omis – oublié
note	commentaire – mention – observation – remarque
O	
objet	but – motif – raison
obstacle	difficulté – entrave – frein – handicap – inconvénient
P	
partager	se ranger à – souscrire à – s'aligner sur
payer	acquitter – régler – solder – verser

penser	considérer – croire – estimer – trouver
permettre	amener – engager – déterminer – inciter
perturber	déranger – dérégler – désorganiser
posséder	offrir – présenter
préciser	spécifier – stipuler
procéder	effectuer – opérer
profusion	pléthore – surabondance
provoquer	causer – créer – engendrer – occasionner
R	
réclamer	demander – exiger
réclamation	critique – doléance – observation – plainte – récrimination – reproche
relatif	afférent – concernant – consécutif – correspondant – se rapportant à – se référant à
remplir	assumer – exécuter – honorer – respecter – tenir
réunir	justifier de – remplir – répondre à – satisfaire à
S	
similaire	analogue – identique – pareil – semblable
sentiment	avis – certitude – conviction
soumis (être)	être assujetti – être contraint
souscrire	contracter – passer – signer
T	
terme	clause – convention – disposition
V	
vacant	disponible – inoccupé – libre – vide
vérifier	contrôler – examiner
voir	constater – remarquer – noter – observer
vouloir	désirer – souhaiter

Mise en pratique fiche 26

EXERCICE

100 phrases d'entraînement aux synonymes

Au début de cette fiche, nous vous avons proposé un lexique de synonymes à connotation professionnelle. Dans les phrases ci-dessous, choisissez maintenant le synonyme le mieux adapté, selon vous, aux mots en italique. Grâce au lexique, vous pourrez ensuite vérifier si les mots choisis conviennent le mieux à chaque phrase. Bien entendu, tous les synonymes du lexique ne correspondent pas à chaque phrase de cet exercice. Seulement, un ou deux mots s'adaptent parfaitement à chaque contexte. Choisissez la meilleure nuance…

1. C'est un procédé que je *n'accepte* pas.
2. Cette affaire a *provoqué* une perte de temps.
3. Nous *acceptons* toute proposition.
4. Je *voudrais* que vous me présentiez un rapport circonstancié.
5. La tâche *à accomplir* devra être confiée à un spécialiste.
6. Le poste de professeur de français est *vacant*.
7. Vous voudrez bien nous confirmer votre *accord*.
8. Je n'ai pas l'intention de *souscrire* un contrat.
9. Le conseil d'administration *a approuvé* cette décision.
10. Notre service *est soumis* à des impératifs très stricts en ce qui concerne les délais.
11. Le transporteur X *assurera* l'acheminement des marchandises.
12. Nous *pensons* que cette proposition aurait dû vous satisfaire.
13. Mon *avis* sur la question est très différent du vôtre.
14. Les deux experts *partagent* la position de l'architecte.
15. Cette entreprise *a* 1 000 employés.
16. Je vous prierai de *payer*, sous 48 heures, la somme de 1 000 euros.
17. Ce comptable *a* une très grande expérience de l'informatique.
18. La grève a été un *obstacle* au développement de ce secteur.

19. M. X *a* les fonctions de directeur technique.

20. L'*objet* de notre requête vous a été présenté par notre secrétaire.

21. Vous êtes priés **de vous *conformer*** aux directives que vous recevez.

22. Le fournisseur *a établi* des magasins dans tout l'est de la France.

23. Il m'a donné son *consentement* pour l'étude du japonais.

24. Les *estimations* effectuées lors du sinistre ne nous satisfont pas.

25. Les *conséquences* d'une telle attitude sont graves pour notre entreprise.

26. Nous *avons essayé de* vous donner satisfaction.

27. Les délégués du personnel ***ont contribué*** à l'amélioration des conditions de travail.

28. Nous vous *envoyons,* ce jour, la marchandise commandée.

29. Lors de la vérification des factures, nous *avons découvert* une erreur de calcul.

30. Je me permets de *postuler* à l'emploi vacant dans votre entreprise.

31. L'expert aura pour mission d'*évaluer* le montant des dommages.

32. Je *confirme* ma demande du 2 janvier.

33. Nous vous serions obligés de nous *exprimer* votre point de vue à ce sujet.

34. Le projet que nous avons *conçu* a été présenté à la Direction.

35. Cet agent de change *fait* des transactions qui nous intéressent.

36. Ce document *comporte* des éléments indispensables à l'établissement de cette société.

37. Par l'intermédiaire de notre représentant, nous vous *faisons* la commande suivante.

38. Ce catalogue *comprend* toutes les possibilités offertes par les stages de formation.

39. Nous vous *indiquons* que nos locaux sont transférés au…

40. Ils ont obtenu, en *compensation* du préjudice subi, une remise de 10 %.

41. J'espère que ces conditions exceptionnelles vous *permettront* malgré tout de nous confier vos commandes.

42. Nous vous donnons *l'assurance* que vous serez reçu par la Direction.

43. Les intempéries *ont perturbé* notre production.

44. Les deux parties *sont arrivées* à une entente.

45. L'emballage *possède* quelques signes de fragilité.

46. Le retard de livraison des matières premières *a arrêté* la fabrication des articles que vous aviez commandés.

47. Ce contrat *précise* les changements que nous souhaitons apporter.

48. Les délégués du personnel *ont argumenté* longuement pour défendre cet employé.

49. La comptabilité *a procédé au* virement des paies.

50. Les *faits* présentés, dans le but de résilier votre contrat, ont retenu toute notre attention.

51. Le vendeur *a accordé* une remise au client.

52. Nous avons la *certitude* que toutes les recherches n'ont pas été effectuées.

53. Il *a accordé* des conditions particulières pour la vente de ce livre.

54. Nous vous proposons, en échange, un article *similaire.*

55. Nous *accorderons* une grande attention à l'exécution de votre commande.

56. Je pense *réunir* les qualifications requises.

57. Je vous *allouerai* une allocation de...

58. Cette candidate *réunit* toutes les conditions.

59. Votre *adjoint* m'a soutenu que les relevés lui étaient parvenus avec 10 jours de retard.

60. Les parties contractantes s'engagent à *remplir* les clauses de la convention.

61. Notre ami *a* les diplômes requis pour occuper un tel poste.

62. La **note** que nous avons portée sur la lettre doit vous aider dans la rédaction du rapport.

63. Ce livre **a** un succès que nous n'espérions pas.

64. Le dernier élément ne peut être **négligé.**

65. Sa femme **a** un commerce de vêtements.

66. Les **moyens** que vous utilisez nous déplaisent fondamentalement.

67. Les prix sont **calculés** en fonction de l'indice de l'architecture.

68. Nous vous remercions de la confiance que vous nous **montrez.**

69. Vos **capacités** ont permis de développer ce secteur.

70. Les pièces que nous **avons mises** sur votre voiture sont d'une autre marque.

71. Nous vous **demandons** d'intervenir auprès de ces services afin de régulariser la situation.

72. La Direction souhaite **éclaircir** cette affaire.

73. Il vous **demande** instamment de cesser toute représentation de ces articles.

74. Les renseignements que vous m'**avez donnés** ne sont pas exacts.

75. À mon avis, vous ne devriez pas envisager un tel **projet.**

76. Devant le refus du transporteur de prendre en charge la responsabilité des **dommages,** je n'ai pas procédé à l'enlèvement des marchandises.

77. Le président a **déterminé** les objectifs de l'année.

78. Les opinions **divergentes** ne nous permettent pas d'aboutir à un accord.

79. Le séminaire **a été différé** en raison de la maladie de l'animateur.

80. Le comité d'entreprise **a dit** que dans un an, le système de sécurité serait mis en place.

81. Nous effectuerons les **changements** qui s'imposent.

82. Par votre lettre du…, vous nous **informez** que les deux meubles que vous attendiez ne vous ont pas été livrés.

83. J'ai le plaisir de vous confirmer les **informations** suivantes :

84. Nous avons *changé* notre organisation.

85. Vous pouvez être *certain* que nous étudierons toutes les possibilités afin de vous donner satisfaction.

86. Les motifs que vous *évoquez* ne me permettent pas de vous accorder les prolongations d'échéance que vous souhaitez.

87. Cette initiative de la Direction *a causé* des bouleversements dans toutes les structures.

88. Vous *jugerez de* l'importance des dégâts.

89. Nous voudrions connaître les *causes* de ce retard.

90. Il y a un *manque* de contrôle dans la fabrication de ces produits.

91. Je vous *apprends* que la réunion aura lieu dans la salle du premier étage.

92. La panne afférente à ce secteur *a provoqué* une gêne dans la fabrication.

93. La Direction *a annoncé* sa décision concernant les congés.

94. Il existe, sur le marché, une *profusion* de voitures de ce type.

95. Votre *aide,* en la circonstance, nous serait bien utile.

96. Nous *réclamons* cette marchandise depuis huit jours.

97. Les *affirmations* de ce technicien ne me paraissent pas reposer sur des faits concrets.

98. Je suis exposé aux *observations* des clients à cause de la défectuosité de vos appareils.

99. *Affirmez-vous* que les arguments de cet employé sont les seuls valables ?

100. Nous sommes surpris de ne pas avoir eu de réponse à notre lettre *relative* au paiement de notre facture.

Corrigé page 302

DÉVELOPPER SON VOCABULAIRE POUR ALLER PLUS LOIN

En ne cernant pas l'étendue réelle de votre vocabulaire, vous employez spontanément les mots qui vous sont, par éducation, les plus familiers, sans imaginer que vos interlocuteurs en déforment le sens ou ne les comprennent pas. Vous croyez en toute quiétude émettre un message clair, alors qu'il est parfois mal compris, voire perçu à contresens. Ce problème d'interprétation est visible en pédagogie quand un enseignant emploie des mots dont la signification n'est pas adaptée à son auditoire. Il n'est pas aisé en effet de cerner le niveau de vocabulaire de ses interlocuteurs sans les avoir écoutés, sans avoir dialogué au préalable. Dans le cadre des échanges professionnels, ce problème brouille la communication et parfois altère les relations humaines.

Nous vous proposons, par cette fiche, d'approfondir plus particulièrement des mots de cette langue, dite « soutenue », susceptible d'être employée par ceux dont le vocabulaire est plus large que la moyenne. Ceux qui les possèdent déjà doivent les utiliser avec parcimonie à l'écrit en raison du fait qu'ils ne sont pas toujours compris de tous. Testez-vous par le biais des exercices proposés dans cette fiche et consultez le lexique de la fiche 28 pour approfondir votre démarche.

Tests de sensibilité au sens du vocabulaire

Afin de vous permettre d'estimer votre niveau de vocabulaire, nous vous proposons 20 exercices qui doivent vous indiquer quels sont les mots qui peuvent vous créer, à votre insu, des problèmes de compréhension.

Ensuite, vous trouverez dans la fiche 28 un lexique de mots utilisés dans les exercices de la fiche 27. Les mots dont le sens vous échappe font partie de cette liste que nous avons constituée lors de stages de formation.

Faites les exercices de cette fiche, puis amusez-vous à lire le lexique en occultant les définitions. Testez ainsi l'étendue de votre vocabulaire et suivez cette piste pour l'enrichir et mieux comprendre les messages émis par votre environnement professionnel.

À RETENIR

- Les écrits professionnels ne comportent généralement pas de mots de langue soutenue, pourtant utiles à l'oral pour capter correctement les messages émis par l'environnement.

- Les problèmes de vocabulaire créent, lors des échanges, des interférences néfastes à la qualité des messages, parfois reçus brouillés voire à contresens.

- Il est important de toujours chercher à élever son niveau de vocabulaire pour s'insérer, avec assurance, dans la société et profiter pleinement de ses apports.

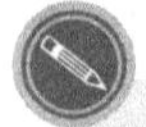 Mise en pratique fiche 27

EXERCICES

I) Choisissez parmi les mots suivants, les adjectifs qui pourraient correspondre aux définitions proposées sous forme de phrases.

Exemple :

Ses théories étaient toujours très strictement fondées sur la raison.

Ses théories étaient toujours très rationnelles.

orthodoxe/éclectique – ratifié – osmose – fallacieux – caustique – cohérent – efficient – circonspect – obséquieux

1. Ce document a été signé par l'ensemble des membres de la commission.

2. Son ironie était parfois mordante, voire méchante.

3. Il parlait de façon très logique.

4. Ses résultats étaient très positifs, révélant indiscutablement sa compétence.

5. Il était très ouvert et admettait ce qui lui paraissait valable dans les théories qu'il rencontrait.

6. Ils étaient intellectuellement constamment en phase.

7. Il était si poli que cela devenait parfois déplaisant.

8. Ses propos cherchaient à me tromper.

9. Ce qu'il me disait paraissait bien correspondre à notre doctrine.

10. Il était très prudent, très réservé

II) Remplacez les pointillés par le mot qui convient, choisi parmi les mots suivants :

sceptique – digression – magnanime – sagacité – spécieux – déférent – ostentation – circonscrire – omniscient – sclérose

1. Le doute est pour lui une seconde nature, c'est véritablement un individu………………………

2. Il présente des symptômes de……………………… intellectuelle, car il ne s'adapte plus comme avant à de nouvelles situations.

3. Très cultivé, on pourrait le qualifier d'………………………

4. Il s'écarte souvent du sujet, la....................... est son principal défaut à l'écrit.

5. Il me parlait avec......................., mettant en valeur qu'il était le fils du directeur.

6. Les feux de forêt ont été.............. rapidement.

7. Très......................., il s'exprimait avec beaucoup trop de respect dans le comportement.

8. ...., il pardonnait avec la plus grande générosité.

9. Ses déductions intelligentes révélèrent aux autres un esprit plein de.......................

10. Ses arguments étaient......................., je n'y pressentais pas une seule vérité malgré une apparence qui pouvait être convaincante.

III) Choisissez, parmi 4 définitions, la définition exacte du mot proposé.

Affable

Personne faible	☐
Personne agressive	☐
Personne pleine de bienveillance	☐
Personne molle	☐
Sens ignoré	☐

Désuet

Démodé	☐
Maigre	☐
Ému	☐
Petit	☐
Sens ignoré	☐

Statu quo

Accord	☐
État actuel des choses	☐
Cessation	☐
Compromis	☐
Sens ignoré	☐

Exhaustif

Supérieur	☐
Court	☐
Complet	☐
Exagéré	☐
Sens ignoré	☐

Déontologie

*Science qui traite
des devoirs à remplir* ☐
*Science qui traite
de l'étude des fossiles* ☐
*Science traitant des
comportements
des espèces animales* ☐
*Science traitant
des groupes humains* ☐
Sens ignoré ☐

Xénophobe

Étouffant ☐
D'origine grecque ☐
*Qui n'aime pas
les étrangers* ☐
Qui ne peut plus parler ☐
Sens ignoré ☐

Euphémisme

Harmonie de sons ☐
*Variation du niveau
des mers* ☐
*Emploi d'un mot positif
pour adoucir une
expression choquante* ☐
*Doctrine morale ayant
pour principe que le but
de l'action est le bonheur* ☐
Sens ignoré ☐

Tangible

Tendu à l'extrême ☐
Réel ☐
Souple ☐
Impossible ☐
Sens ignoré ☐

Facétieux

Qui aime plaisanter ☐
*Qui joue plusieurs person-
nages* ☐
Qui se présente de face ☐
*Qui possède
de nombreuses qualités* ☐
Sens ignoré ☐

Congru

Tortueux ☐
Inintelligent ☐
Tassé ☐
Exact ☐
Sens ignoré ☐

IV) Complétez les mots suivants.

1. Il a été spo...................... de ses biens.

2. Nous n'apprécions pas beaucoup son attitude passive, voire
   ti........................

3. Ils souhaiteront certainement que vous leur fournissiez une bibli……………… à la fin du stage.

4. Nous n'avons pas eu en stock les articles demandés mais nous pouvons vous fournir des articles ho………………, de qualité sensiblement égale.

5. Nous n'apercevons pas bien le paysage que la brume rend di……………….

6. Sa réponse a été très laco……… : nous n'avons pas bien compris le fond du problème.

7. Il ne voyage jamais, c'est le type même du sé……………….

8. Au XIXe siècle, on conservait son argent dans des bas de laine, c'était une grande époque de th……………….

9. Il a reçu des renseignements confidentiels de source of……………….

10. Par instinct gr……………… beaucoup de gens ne peuvent agir qu'en groupe.

V) Choisissez, parmi les mots suivants, les verbes qui pourraient correspondre aux définitions proposées sous forme de phrases:
galvaniser – aliéner – mystifier – scléroser – démystifier – décrypter – boycotter – converger – extrapoler – édulcorer

1. Il a déchiffré ce texte alors qu'il ne connaissait pas la signification de tous les caractères.

2. Notre entreprise ne se renouvelle pas depuis des années, la stagnation règne.

3. Il a cessé tout achat de produits provenant de cette société.

4. Il a tendance à toujours généraliser.

5. Ne cherchez pas toujours à atténuer ce que vous dites.

6. Il lui a donné une soudaine énergie, peut-être passagère.

7. Il s'est beaucoup amusé aux dépens de cette personne.

8. Elle a dû vendre ses biens.

9. Leurs points de vue ont tendu vers le même objectif.

10. Il leur a fait comprendre leur erreur vis-à-vis de ce problème.

VI) Remplacez les pointillés par le mot qui convient, choisi parmi les mots suivants :

succinct – hétérogène – colloque – édulcorer – exécrer – rasséréner – endémique – dubitatif – tacite – récidiver

1. Nous n'avons jamais discuté les tâches que chacun devait accomplir : nous les exécutons pourtant depuis des années de manière.......................

2. Je ne crois pas qu'il nous ait crus, son ton était trop.......................

3. Nous ne parvenons pas à arrêter ce phénomène qui devient réellement.......................

4. Je l'......................., je ne veux plus le rencontrer, car il provoque chez moi une véritable aversion.

5. Ce groupe trop....................... présente des différences de niveau telles que l'animateur a beaucoup de difficultés à progresser de façon cohérente.

6. Il doit se rendre au printemps à un....................... qui réunira les différents spécialistes de la question.

7. Je ne sais pas s'il parviendra à les convaincre par la force de ses propos, car il a tendance à employer un vocabulaire très.......................

8. Ses rapports sont très....................... il leur manque souvent trop de détails.

9. Il est à nouveau en prison après avoir.......................

10. Cette nouvelle l'a beaucoup......................., il peut désormais reprendre son travail l'esprit en repos.

VII) Choisissez, parmi 4 définitions, la définition exacte du mot proposé :

Rédhibitoire

Qui est interdit ☐
Qui est très connu ☐
Qui peut motiver
l'annulation d'une vente ☐
Qui se produit à nouveau
de la même manière ☐
Sens ignoré ☐

Retors(e)

Rusé ☐
Fautif ☐
Étroit d'esprit ☐
Courbé ☐
Sens ignoré ☐

Vénal(e)

Qui concerne les veines ☐
Qui a de la chance ☐
Qui agit pour gagner
de l'argent ☐
Qui concerne le droit ☐
Sens ignoré ☐

Véreux

Qui emploie beaucoup
de paroles inutiles ☐
Qui concerne
la conjugaison des verbes ☐
Qui est de couleur verte ☐
Qui n'est pas honnête ☐
Sens ignoré ☐

Fallacieux(euse)

Très gracieux ☐
Qui prend parti ☐
Qui est destiné à tromper ☐
Très fatigué ☐
Sens ignoré ☐

Velléitaire

Très en retard ☐
Ancien militaire ☐
Très volontaire ☐
Qui n'a que
des intentions fugitives ☐
Sens ignoré ☐

Tacite

Enseignement ancien ☐
Méthode de latin ☐
Non exprimé ☐
Réforme de l'industrie
textile anglaise ☐
Sens ignoré ☐

Opprobre

Extrême propreté ☐
Interdit ☐
Possibilité ☐
Honte ☐
Sens ignoré ☐

Compiler		**Aléatoire**	
Entasser soigneusement	☐	Qui tourne	
Faire des piles	☐	dans un seul sens	☐
Rédiger à partir		Qui dépend du hasard	☐
de textes d'auteurs	☐	Qui résonne	☐
Consulter	☐	Qui plaide en justice	☐
Sens ignoré	☐	Sens ignoré	☐

VIII) Choisissez, dans la liste suivante, les mots qui pourraient correspondre aux définitions proposées sous forme de phrases:

blanc-seing – compiler – utopie – satiété – conjoncture – finalité – probité – franco de port – exaction – extrapoler

1. C'est une feuille vierge signée par une personne qui la confie à une autre.

2. La tendance économique actuelle est bonne.

3. Il a tendance à généraliser à partir du moindre fait.

4. Ce n'est pas vraiment un travail de création, car il a puisé ses idées chez différents auteurs.

5. Le but de ces exercices est d'acquérir 250 mots de vocabulaire.

6. Quand nous allons dans ce restaurant, les repas sont si copieux que nous n'avons plus faim de la journée.

7. La paix mondiale apparaît pour certains comme un idéal non fondé sur la raison.

8. Ce garagiste réclame souvent des sommes qui ne lui sont pas dues.

9. Nos marchandises sont livrées sans frais d'expédition.

10. L'honnêteté scrupuleuse de mon père a été reconnue de tous.

IX) Remplacez les pointillés par un des mots suivants :

mnémonique – inepte – cession – obsolescence – émolument – présomption – judicieux – péremptoire – coercitif – lapsus

1. Des exercices........................ sont indispensables pour développer la mémoire.

2. L'........................ du matériel se produit parfois en quelques mois.

3. Les........................ retenues contre cet homme soulevèrent l'opinion publique.

4. Ce gouvernement exerce un pouvoir très........................ par le biais de son armée.

5. Il a procédé à la........... équitable de ses biens.

6. Ce fonctionnaire perçoit des........................

7. Son ton........... est difficile à accepter dans une équipe où les échanges conviviaux sont de rigueur.

8. On dit toujours des........................ qu'ils sont significatifs.

9. Ce qu'il dit est........................ et déconcerte souvent par le manque d'intérêt.

10. Elle a des idées........................ pour apporter des solutions.

X) Choisissez, parmi 4 définitions, la définition exacte du mot proposé :

Phobie		**Laconique**	
Peur obsédante	❐	*Qui parle beaucoup*	❐
Passion pour		*Qui a des lacunes*	❐
un passe-temps	❐	*Qui est concis, bref*	❐
Erreur	❐	*Terme de mathématiques*	❐
Imitation drôle	❐	*Sens ignoré*	❐
Sens ignoré	❐		

Infirmer

Confirmer une décision ☐

Devenir infirme ☐

Annuler une décision ☐

Contredire quelqu'un ☐

Sens ignoré ☐

Endémique

Qui est maladif ☐

Qui sévit en permanence ☐

Qui se propage ☐

Qui est dans les normes ☐

Sens ignoré ☐

Obédience

Qui est de couleur
blonde ☐

Qui a une forme ovale
allongée ☐

Qui est dans un lien
de soumission ☐

Qui est reçu
par quelqu'un ☐

Sens ignoré ☐

Moratoire

Lieu où l'on accueille les
personnes mourantes ☐

Tour qui permet
d'apercevoir l'ennemi ☐

Qui accorde un délai ☐

Qui est autoritaire ☐

Sens ignoré ☐

Hémicycle

Cercle de vie ☐

Réunion extraordinaire ☐

Demi-cercle ☐

Discussion vive ☐

Sens ignoré ☐

Pléthore

Manque ☐

Personne qui parle
beaucoup ☐

Maladie infectieuse ☐

Surabondance ☐

Sens ignoré ☐

Juguler

Interrompre le
développement ☐

Être satisfait aux dépens
des autres ☐

Argumenter ☐

Faire des plaisanteries
grossières ☐

Sens ignoré ☐

Sine qua non

Réciproque ☐

Nécessaire ☐

Égal ☐

Logique ☐

Sens ignoré ☐

XI) Complétez les mots suivants :

1. Son texte très conc........................ permet de comprendre en peu de temps l'objectif de cette affaire.

2. Il sera difficile d'effectuer un changement avec ces postes de fonctionnaires inam.......................

3. La conclusion de ce rapport a ind........................ en erreur notre service achat.

4. Deux actions conc........................ pourraient l'inciter à prendre une décision en votre faveur.

5. C'est une activité luc........................que je recherche car mon salaire n'est pas suffisant.

6. Intr........................, il ne s'aperçoit pas que les autres aussi souffrent d'un manque de communication.

7. Sa paresse est un fait not........................ dont beaucoup s'en indignent.

8. La nom........................ qui accompagne le rapport est indispensable pour éclairer la lecture de ce texte.

9. Elle a toujours fait des opérations illi........................ mais n'a pas été inquiétée jusqu'à ce jour.

10. La quin........................ d'un document d'entreprise se trouve en général placée dans l'objet.

XII) Choisissez, parmi les mots suivants, les adjectifs qui pourraient correspondre aux définitions proposées sous forme de phrases :

caduc – précaire – xénophile – versatile – parcimonieux – éminent – véhément – divergent – véreux – discriminatoire

1. Depuis la dernière réunion, leurs points de vue sont opposés.

2. Cet homme sera reçu par le Président, car c'est un personnage d'une grande renommée.

3. Elle vit dans des conditions qui peuvent changer d'un moment à l'autre.

4. Aimant les étrangers, il n'est pas difficile à cet ingénieur de s'intégrer dans les pays où il doit travailler.

5. Tous les documents sont périmés.

6. Il est si économe qu'il arrive avec un petit budget à réaliser des voyages dans des pays lointains.

7. Les mesures injustes prises ces derniers temps tendent à séparer les employés en deux groupes.

8. Il parle avec beaucoup de force et de conviction.

9. Le problème évoqué par certaines secrétaires à propos de leur patron est le fait qu'il change trop souvent d'avis.

10. Nous n'apprécions pas les transactions malhonnêtes.

XIII) Choisissez, parmi 4 définitions, la définition exacte du mot proposé :

Peaufiner		**Propension**	
Rendre transparent	☐	Tendance	☐
Lustrer	☐	Poids	☐
Fignoler	☐	Opinion	☐
Passer au crible	☐	Suggestion	☐
Sens ignoré	☐	Sens ignoré	☐

Caustique		**S'immiscer**	
Brillant	☐	Devenir mince	☐
Lié à l'oreille	☐	Demander la permission	☐
Ironique	☐	S'introduire	
Lié à la vue	☐	dans les affaires d'autrui	☐
Sens ignoré	☐	Prendre la place	
		de quelqu'un	☐
		Sens ignoré	☐

Débouter		**Circonstancié**	
Rejeter en justice	☐	Très détaillé	☐
Sortir	☐	Adapté aux événements	☐
Attaquer	☐	Habituel	☐
Ridiculiser	☐	Régulier	☐
Sens ignoré	☐	Sens ignoré	☐

Incurie

Incapacité de travailler ☐

Maladie cérébrale ☐

Manque d'organisation ☐

Travail acharné ☐

Sens ignoré ☐

Loquace

Drôle ☐

Bavard ☐

Fermé ☐

Sale ☐

Sens ignoré ☐

Lapidaire

Boire en faisant du bruit ☐

Bouleverser le monde ☐

D'une concision extrême ☐

Tuer à l'aide de pierres ☐

Sens ignoré ☐

Opportun(e)

Qui arrive au bon moment ☐

Qui ennuie ☐

Qui emprunte de l'argent ☐

Qui donne beaucoup
d'affection ☐

Sens ignoré ☐

XIV) Choisissez dans la liste suivante les mots qui pourraient correspondre aux définitions proposées sous forme de phrases :
proroger – agonir – apologie – partial – acception – arborer – polémique – incriminer – décade – se déjuger

1. Les circonstances le mettent fortement en cause.

2. Lors de la réunion, il l'a accablé d'injures.

3. Durant une période de dix jours, vous ne devez pas absorber d'alcool.

4. Ce témoin est revenu sur son opinion de nombreuses fois.

5. Dans ses décisions, il se montre toujours très juste avec chacun.

6. J'espère que vous voudrez bien différer la date d'échéance de cette facture.

7. Ils ont hissé le drapeau avec fierté.

8. Certains mots ont considérablement changé de sens depuis ces dernières années.

9. Ce discours qui prône la peine de mort est inadmissible.

10. La vive discussion que vous avez engagée n'aboutira à aucun résultat.

XV) Remplacez les pointillés par un mot choisi dans la liste suivante :

pondéré – inopiné – coercitif – autodidacte – collégial – prosaïque – notoire – intègre – nihiliste – magnanime

1. ...., je souhaiterais que vous le soyez dans ces circonstances délicates.

2. Son attitude........................ suscite souvent des remarques de la part des personnes plus idéalistes.

3. Il pardonne avec beaucoup de largesse d'esprit et de noblesse, il se montre........................

4. Le comportement........................ de cette personne ne permet pas de faire avancer le débat.

5. Les mesures........................ de pointage ne plaisent pas à l'ensemble du personnel.

6. Elle arrive toujours de manière........................

7. Sa paresse est un fait........................

8. La qualité essentielle d'un fonctionnaire qui s'occupe des impôts est d'être........................

9. C'est une assemblée qui exerce un pouvoir........................

10. Ce journaliste est considéré comme le plus cultivé de ce journal malgré une formation........

XVI) Choisissez, parmi 4 définitions, la définition exacte du mot proposé :

Vulgariser

Devenir vulgaire ☐
Porter à la connaissance de tous ☐
Faire des actions malhonnêtes ☐
Étudier avec acharnement ☐
Sens ignoré ☐

Volubile

Étonné ☐
Farfelu ☐
Superficiel ☐
Qui parle avec rapidité ☐
Sens ignoré ☐

Réitérer

Retirer de la circulation	☐
Répéter	☐
Retourner vers le passé	☐
Raconter	☐
Sens ignoré	☐

Collationner

Rassembler	☐
Prendre un repas copieux	☐
Prendre un repas léger	☐
Comparer des manuscrits	☐
Sens ignoré	☐

Fatuité

Satisfaction déplaisante de soi-même	☐
Paresse	☐
Orgueil	☐
Lâcheté	☐
Sens ignoré	☐

Subrepticement

Sans bruit	☐
Avec hypocrisie	☐
Avec violence	☐
Sans parti pris	☐
Sens ignoré	☐

Volatil(e)

Qui est volage	☐
Qui s'évapore rapidement	☐
Qui est contractuel	☐
Qui est malhonnête	☐
Sens ignoré	☐

Perspicace

Têtu	☐
Doué d'un esprit pénétrant	☐
Dévoué	☐
Efficace	☐
Sens ignoré	☐

Pernicieux

Vicieux	☐
Méticuleux	☐
Perdu	☐
Nuisible	☐
Sens ignoré	☐

Transgresser

Passer outre	☐
Grossir	☐
Traverser rapidement	☐
Changer de poste	☐
Sens ignoré	☐

XVII) Complétez les mots suivants :

1. L'assurance vient de nous faire parvenir un av……………… à notre contrat.

2. La banque a voulu ap……………… ce compte afin de ne plus avoir d'ennuis avec le client.

3. Il a pris des décisions ar........ sans tenir compte des avis de chacun.

4. Nous aimerions qu'elle se dispense de ses interventions in....................... qui la ridiculisent.

5. Le feu a été circ....................... dans la montagne grâce aux pompiers.

6. Ce pays tran....................... les accords passés quand les événements ne lui sont pas favorables.

7. Ce sont des avantages no....................... qui le font rester dans cette société.

8. Elle est si prol....................... que trois feuilles de papier ne lui suffisent pas pour rédiger sa lettre.

9. L'adéq....................... entre ces deux services a permis de développer notre clientèle.

10. La teneur de ces propos corr....................... les termes de votre témoignage, si vous avez une réclamation à formuler à l'avenir.

XVIII) Choisissez, dans la liste suivante, les mots qui pourraient correspondre aux définitions proposées sous forme de phrases :
déprédation – injonction – sujétion – protagoniste – acrimonie – aléa – arguer – sédentaire – récuser – ratifier

1. Cet ambassadeur a confirmé l'engagement de cette nation.

2. Cet acteur a le rôle principal dans cette pièce.

3. Il se déplace très peu.

4. Le juge a rejeté son témoignage.

5. Ils sont sous sa dépendance depuis des années.

6. Ce déménagement fut plein d'événements dus au hasard.

7. Sa disposition à la mauvaise humeur le rend difficile à vivre.

8. Les dommages causés dans le métro coûtent très cher à la société qui l'exploite.

9. Les ordres formels des unités centrales doivent être appliqués aujourd'hui.

10. Dans certaines circonstances, il prétend être l'ami du préfet de police.

XIX) Remplacez les pointillés par le mot qui convient, choisi dans la liste suivante :

laxisme – pécuniaire – inhérent – subterfuge – vindicatif – acerbe – ambivalent – arbitraire – inéluctable – viabilité

1. Des études sérieuses permettent de croire en la........... de ce projet.

2. Son caractère...................... détruit l'harmonie du foyer.

3. Par des..................., il réussit toujours à se sortir de situations difficiles.

4. Cette décision est....................... : elle offre d'une part la possibilité d'une promotion, d'autre part un surcroît de travail.

5. Les mesures...................... prises dans cette équipe vont la diviser.

6. Les critiques...................... que vous avez émises l'ont peiné par leur côté très tranchant.

7. Elle a toujours des ennuis...................... qui l'amènent à avoir des fins de mois difficiles.

8. Il manque de rigueur et son..................................... nuit à l'efficacité de ses équipes.

9. Les horaires décalés...................... au métier de guide rendent la vie de famille difficile.

10. Ces résultats sont............. car rien ne pourra désormais les faire varier.

XX) Choisissez, parmi 4 définitions, la définition exacte du mot proposé :

Timoré

Excès de prudence ☐
Faible ☐
Peureux ☐
Étonné ☐
Sens ignoré ☐

Réceptivité

Aptitude à recevoir
des impressions ☐
S'occuper
d'une réception ☐
Être capable de travailler
sans s'arrêter ☐
Parler fort pour être
entendu d'un grand
nombre de gens ☐
Sens ignoré ☐

Abrogation

Approbation d'une loi ☐
Annulation d'une loi ☐
Modification d'une loi ☐
Explication d'une loi ☐
Sens ignoré ☐

Sporadique

Qui apparaît de temps
en temps ☐
Qui absorbe l'eau ☐
Qui est relatif au sport ☐
Qui détruit les microbes ☐
Sens ignoré ☐

Anachronisme

Accroc à un vêtement ☐
Déroulement
des événements ☐
Erreur d'époque ☐
Période de la préhistoire ☐
Sens ignoré ☐

Obsolescence

Capacité à comprendre ☐
Matériel dépassé
technologiquement ☐
Étape de la vie ☐
Capacité à calmer
les esprits ☐
Sens ignoré ☐

Acrimonie

Destruction	☐
Aigreur	☐
Disposition à la mauvaise humeur	☐
Harmonie	☐
Sens ignoré	☐

Licite

Permis par la loi	☐
Interdit par la loi	☐
Achevé	☐
Lisible pour un grand nombre de gens	☐
Sens ignoré	☐

Assertion

Affirmation	☐
Insertion dans un texte	☐
Service rendu à la nation	☐
Soumission à un supérieur hiérarchique	☐
Sens ignoré	☐

Ubiquité

Capacité à être impassible	☐
Qui n'est pas clair	☐
Qui peut être en plusieurs lieux à la fois	☐
Qui a le hoquet	☐
Sens ignoré	☐

Corrigé page 305

250 MOTS SOUTENUS POUR S'IMPOSER DANS LA VIE PROFESSIONNELLE

Les mots sélectionnés dans cette fiche appartiennent au registre de la langue soutenue. Ils doivent vous permettre de percevoir quels sont les mots susceptibles d'être parfois mal compris par certains pouvant entraîner des erreurs d'interprétation des messages. Pour d'autres, ils peuvent être aussi une piste d'enrichissement de leur niveau de vocabulaire pour se sentir plus à l'aise dans la vie professionnelle lors des échanges à l'oral. En effet, si ces mots sont rarement utilisés dans les écrits professionnels, ils présentent cependant un risque d'interprétation à éliminer.

Amusez-vous à lire le lexique en occultant les définitions pour mieux situer votre propre niveau. Cette démarche, associée au travail effectué par le biais des exercices de la fiche 27, sera un bon moyen pour percevoir les mots potentiellement à risque lors de vos échanges. Vous pourrez enrichir votre vocabulaire et participer à fiabiliser les messages en situation professionnelle.

A

Abhorrer

Verbe : détester

Les mathématiques, il abhorre réellement cette matière.

Abrogation

Nom féminin : annulation d'un décret, d'une loi

L'abrogation de la peine de mort est, toujours, un événement très discuté.

Acception

Nom féminin : sens d'un mot

L'acception de ce mot n'est peut-être pas la même pour lui que pour moi.

Acerbe

Adjectif : sévère, mordant

Il était aigri et nous tenait des propos acerbes.

Acquiescer

Verbe : consentir

Pendant mon exposé, je voyais un membre du jury acquiescer.

Acrimonie
Nom féminin : disposition à la mauvaise humeur
Il est souvent plein d'acrimonie envers tous.

Acuité
Nom féminin : qualité de tout ce qui est aigu
Vous possédez une bonne acuité visuelle et auditive.
Sens figuré : intensité
Son acuité intellectuelle est remarquable.

Adéquation
Nom féminin : action de faire correspondre parfaitement
Cette hypothèse présente une adéquation parfaite avec la mienne.

Adjudication
Nom féminin : déclaration par laquelle un juge attribue un bien, un marché de fournitures ou de travaux, mis aux enchères
Nous avons obtenu ces travaux par adjudication.

Affable
Adjectif : aimable, ouvert, accueillant, bienveillant
Cette hôtesse est très affable, son accueil est apprécié par tous nos clients.

Afférent
Adjectif : qui se rapporte à
Il s'agit d'un projet afférent à cette affaire.

Agonir
Verbe : accabler, ne pas confondre avec agoniser
À la fin de cette discussion houleuse, il m'a agoni d'injures.

Agrégat
Nom masculin : assemblage de substances diverses formant un tout hétérogène
Très cultivé, il possède un agrégat de connaissances extrêmement variées.

Aléa
Nom masculin : événement imprévisible
Son voyage fut rempli d'aléas.

Aléatoire
Adjectif : qui dépend du hasard
Étant vacataire, il a un poste très aléatoire.

Aliéner
Verbe : vendre, donner
Il était en faillite, il a dû aliéner ses biens.
Sens figuré : abandonner un bien naturel
À cause de ce travail, il a aliéné son indépendance.

Allégation
Nom féminin : affirmation, citation d'un fait
Votre allégation est très contestée.

Ambivalent(e) Adjectif: qui possède deux valeurs différentes
Ses propos sont très ambivalents.

Anachronisme Nom masculin: erreur qui consiste à attribuer à une époque ce qui appartient à une autre époque
C'est un anachronisme de dire que cette tour d'apparence médiévale a été construite au même moment que ce château Renaissance.

Annihiler Verbe: détruire, réduire à rien
Il a annihilé tous ses travaux précédents.

Antagoniste Adjectif ou nom: adversaire
Les antagonistes ont commencé leur altercation au café.

Apologie Nom féminin: discours ou écrit qui fait l'éloge d'une personne ou d'une chose
Il l'admire beaucoup et fait sans cesse son apologie.

A priori Nom ou adjectif: hypothèse non fondée sur des faits
Je n'apprécie pas ainsi les jugements a priori.

Adverbe: avant toute expérience
A priori, je pense que vous avez tort.

Apurer Verbe: vérifier et arrêter un compte
Le comptable a apuré ce compte.

Arbitraire Adjectif: qui dépend de la seule volonté ou du caprice de quelqu'un
Votre jugement à son égard est arbitraire.

Arborer Verbe: porter quelque chose de façon à ce que cela soit remarqué
Il arborait une magnifique cravate.

Arguer Verbe transitif: tirer une conséquence
Vous ne pouvez rien arguer de ce fait.

Verbe transitif indirect: prétexter
Il a argué de ses relations pour obtenir ce poste.

Arroger (s') Verbe: attribuer quelque chose sans y avoir droit
Je n'admets pas les privilèges qu'il s'est arrogé dans ce service.

Assertion Nom féminin: affirmation que l'on soutient pour vraie
Votre assertion est contestable.

Atavisme
Nom masculin : réapparition de certains traits de caractère provenant de lointains ancêtres
C'est sans doute par atavisme que j'ai ce goût pour ce pays.

Autodidacte
Adjectif ou nom : personne qui s'instruit par elle-même sans suivre un cycle scolaire ou universitaire traditionnel
C'est un historien autodidacte de grande qualité.

Avenant
Nom masculin : acte qui constate les modifications apportées à un contrat
Il faudra alors vous envoyer un avenant.

B

Bibliographie
Nom féminin : répertoire de tous les écrits concernant un sujet donné
Au début du stage, nous fournirons à chaque participant une brève bibliographie.

Blanc-seing
Nom masculin : feuille blanche, signée par une personne qui la confie à une autre afin qu'elle la remplisse ensuite elle-même en toute liberté
Signer un blanc-seing est une preuve de grande confiance.

Boycotter
Verbe : cessation volontaire de relations avec une personne, un pays ou un groupe dont on désapprouve l'attitude ou la politique
Les oranges d'Afrique du Sud ont été, à une époque, boycottées par certains pays.

Brainstorming
Nom masculin : méthode de travail en groupe qui consiste à faire appel aux idées de chacun afin de découvrir d'autres idées plus originales
Les services de créativité organisent fréquemment des brainstormings en y intégrant des consommateurs.

C

Caduc(que)
Adjectif : périmé
Ce projet est désormais caduc.
Les feuilles caduques sont celles qui tombent chaque année.

Cartésien(ne)
Adjectif: méthodique, rationnel. Terme dérivé du nom du philosophe du XVIIᵉ siècle René Descartes
Il n'admet pas la rêverie, il est très cartésien.

Caustique
Adjectif: ironique, mordant
Il peut être caustique, il est même redouté pour cette raison.

Cession
Nom féminin: action de céder. Ne pas confondre avec session
Il a dû procéder à une cession de ses biens.

Circonscrire
Verbe: enfermer dans des limites
Le feu a été circonscrit très rapidement par les pompiers.

Circonspect(e)
Adjectif: prudent, réservé
L'affaire n'étant pas claire, l'inspecteur s'est montré très circonspect.

Circonstancié(e)
Adjectif: très détaillé
Rendez-moi un rapport circonstancié.

Codicille
Nom masculin: acte rédigé après un testament par le testeur et qui a pour objectif d'en modifier les termes
Le codicille remettait en question beaucoup de points du testament.

Coercitif(ve)
Adjectif: qui contraint
Le pouvoir politique est, dans ce pays, très coercitif.

Cohérent(e)
Adjectif: logique, rationnel
Je ne pense pas qu'il soit fou, ses propos sont très cohérents.

Collationner
Verbe: comparer des textes manuscrits ou imprimés
Il s'agit de collationner ces textes afin d'éviter les erreurs.

Collégial(e)
Adjectif: pouvoir exercé par un groupe, ou par un conseil
Le pouvoir est exercé de manière collégiale.

Colloque
Nom masculin: conférence ou entretien entre spécialistes
Il est actuellement à un colloque sur l'art roman.

Collusion
Nom féminin: entente secrète entre deux ou plusieurs personnes afin de nuire à quelqu'un
Il y a sans doute eu collusion entre le propriétaire et l'agent immobilier pour me louer si cher cet appartement.

Compiler

Verbe : rédiger à partir d'extraits de différents auteurs
Compiler n'est pas produire une réflexion personnelle.

Concept

Nom masculin : idée (sens plus large)
Le concept de liberté est souvent invoqué.

Concis(e)

Adjectif : exprimer beaucoup de choses en peu de mots
Rendez-moi un rapport concis.

Concomitant(e)

Adjectif : qui se produit en même temps
Ces deux actions étaient concomitantes.

Conglomérat

Nom masculin : fusion ou association d'entreprises aux productions différentes
Il s'agit d'un vaste conglomérat industriel.

Conjecture

Nom féminin : opinion fondée sur des apparences, des probabilités
Après cette intervention insolite, il s'est perdu en conjectures.

Conjoncture

Nom féminin : ensemble des éléments constituant le contexte d'un moment choisi dans le temps
La conjoncture actuelle est à la récession.

Congru(e)

Adjectif : exact, qui convient parfaitement
Ce que vous dites là est vraiment congru.

Ne pas confondre avec incongru, plus fréquent, qui possède le sens contraire.

Consensus

Nom masculin : accord de plusieurs personnes
Nous avons besoin d'un consensus pour faire avancer le projet.

Consortium

Nom masculin : groupement d'entreprises en vue d'opérations communes
Il a pris contact avec ce consortium d'assurances.

Controverse

Nom féminin : contestation d'une opinion
Il aime bien la controverse, car il doit alors déployer ses qualités argumentaires.

Contumace

Nom féminin : refus de comparaître en justice lors d'une affaire criminelle
Ces deux malfaiteurs ont été condamnés par contumace. Ils étaient en effet en fuite lors du procès.

Converger	Verbe : tendre vers un même objectif *Avant notre nouvelle rencontre, nos chemins ont convergé progressivement.*
Cooptation	Nom féminin : pour une assemblée, acte de désigner elle-même ses membres *La cooptation peut être contestable.*
Corollaire	Nom masculin : conséquence évidente, aboutissement logique *Son échec est le corollaire de son absence de préparation à cet examen.*
Corroborer	Verbe : servir de preuve *Ce que vous exprimez là corrobore mes propos.*

D

Débouter	Verbe : rejeter en justice une demande *Il n'a pu poursuivre ses attaques, car il a été tout de suite débouté.*
Décade	Nom féminin : période de dix jours *Nous suivons ce stage depuis plusieurs décades.*
Décrypter	Verbe : comprendre un texte écrit en caractères non déchiffrés jusqu'alors *Avant la découverte de la pierre de Rosette, il était impossible de décrypter les textes égyptiens.*
Dégressif(ve)	Adjectif : qui diminue *Votre taux de crédit est dégressif.*
Déférent(e)	Adjectif : très respectueux *Il se montre déférent envers nous.*
Déjuger (se)	Verbe : revenir sur son opinion *Par cette affirmation, il s'est véritablement déjugé.*
Démagogue	Adjectif et nom : qui flatte le maximum de personnes afin de gagner leurs faveurs *Tout discours politique est empreint de démagogie.*
Démystifier	Verbe : dissiper l'erreur *Cette explication très claire a démystifié le problème.*

Démythifier
Verbe : éliminer le caractère de mythe
Après ce stage, la grammaire a été pour vous réellement démythifiée.

Déontologie
Nom féminin : science qui traite des devoirs à remplir
La médecine possède une déontologie qui impose une grande conscience professionnelle.

Déprédation
Nom féminin : dommage causé à la propriété d'autrui
Nous luttons contre toute forme de déprédation pour que l'environnement soit agréable.

Desiderata
Nom masculin pluriel latin : ce qui manque, revendication
Vos desiderata seront retenus.

Désuet(ète)
Adjectif : démodé, vieilli, possédant le charme de l'ancien
Ce cadre, légèrement désuet, est très agréable.

Dialectique
Nom féminin : art du dialogue et de la discussion
La dialectique ne s'improvise pas.

Diffus(e)
Adjectif : répandu dans diverses parties à la fois
Cette sensation est diffuse.

Sens figuré : manque de concision
Ses propos sont souvent diffus.

Digression
Nom féminin : s'écarter du sujet lors d'une discussion
Très bavard, il fait souvent de nombreuses digressions avant d'atteindre son objectif.

Discriminatoire
Adjectif : qui tend à distinguer un groupe d'un autre
Interdire aux individus d'une race différente d'entrer dans un lieu public est l'exemple type d'une mesure discriminatoire.

Dispendieux(euse)
Adjectif : cher, coûteux
Ces articles sont trop dispendieux pour notre budget.

Divergent(e)
Adjectif : ce qui est opposé
Nos opinions sont divergentes, nous ne pourrons former un groupe de travail.

Dogmatisme
Nom masculin : disposition à affirmer quelque chose sans tenir compte des opinions des autres.
Nous refusons tout dogmatisme lors de nos échanges.

Dubitatif(ve)
Adjectif : qui exprime le doute
Après vos conclusions, il est resté très dubitatif.

E

Éclectique — Adjectif et nom : qui choisit, avec ouverture d'esprit, ce qui lui paraît bon parmi des éléments variés
Je vous félicite de votre choix, il est en effet très éclectique.

Édulcorer — Verbe : adoucir, atténuer
Je ne supporte pas les propos édulcorés.

Efficient(e) — Adjectif : qui obtient de bons résultats, efficace
C'est un responsable très efficient, estimé de tous.

Éminent(e) — Adjectif : au-dessus du niveau moyen, important.
C'est un homme éminent.

Éluder — Verbe : éviter avec habilité, se soustraire à
Vous ne pourriez, cette fois, éluder ce problème.

Émoluments — Nom masculin pluriel : rétribution d'un officier ministériel
À ce poste du ministère, les émoluments sont importants.

Endémique — Adjectif : qui sévit en permanence
Le chômage est dans ce pays un problème endémique.

Équitable — Adjectif : conforme à un sentiment naturel de justice
Très équitable envers tous, il est très estimé.

Euphémisme — Nom masculin : action d'employer un mot de sens positif afin d'adoucir une expression ou un mot qui pourrait choquer
Dire que cette femme n'est plus jeune alors qu'elle a 80 ans est un euphémisme !

Erroné(e) — Adjectif : qui contient des erreurs
Vos résultats sont erronés.

Exaction — Nom féminin : action d'exiger plus qu'il n'est dû, voire ce qui n'est pas dû
Je n'admets pas ces procédés, il s'agit là d'une véritable exaction.

Exécrer — Verbe : avoir de la répulsion, de l'aversion
Nous exécrons toute attitude raciste.

Exergue — Nom masculin : petit espace laissé en bas d'une médaille pour y mettre une inscription
Sens figuré, le plus employé : mettre en exergue : mettre en évidence
Vous penserez à mettre ce point en exergue, car il est pour nous fondamental.

Exhaustif(ve)
Adjectif: qui traite un sujet de manière très complète
On demande souvent à la personne de rendre un rapport exhaustif.

Extrapoler
Verbe: généraliser, étendre à
À partir d'un petit détail, il a tendance à extrapoler.

Extraverti(e) ou extroverti(e)
Adjectif: ouvert vers les autres
C'est un être profondément extraverti.

F

Facétieux(se)
Adjectif et nom: qui aime beaucoup plaisanter et de manière parfois un peu grossière
Très facétieux, il a une prédilection pour les cigarettes qui explosent ou le morceau de sucre qui se transforme en araignée!

Factice
Adjectif: qui n'est pas naturel, faux
C'est un décor très factice.

Fallacieux(euse)
Adjectif: qui est destiné à tromper
Il m'a alors tenu des propos fallacieux qui m'ont fait prendre une mauvaise voie.

Fatuité
Nom féminin: satisfaction de soi-même ridicule, prétention
Son comportement plein de fatuité nous a beaucoup fait rire.

Fiduciaire
Adjectif: mot du vocabulaire économique: qualifie les valeurs fondées sur la confiance accordée à celui qui les a émises
Ce bout de papier, le chèque, a une valeur fiduciaire.

Franco de port
Adverbe + nom: sans frais d'expédition
Ces articles sont envoyés franco de port.

G

Galvaniser
Verbe: donner une énergie soudaine, souvent passagère
Très dynamique, il galvanise le groupe par sa présence.

Grégaire
Adjectif: qui provoque le groupement d'êtres vivants ou qui en résulte; qui amène certains individus à suivre docilement les impulsions du groupe sans s'en démarquer
La majorité des gens ont un instinct grégaire.

H

Hémicycle
Nom masculin : construction en forme de demi-cercle
Ce théâtre romain est en forme d'hémicycle.

Hétérogène
Adjectif : qui est composé d'éléments de nature différente, sans unité d'ensemble
Ce groupe, au niveau hétérogène, est difficile à conduire pédagogiquement.

Homologue
Adjectif : équivalent
Il s'agit d'un article homologue dont, seul, le prix diffère.

I

Illicite
Adjectif : qui va contre la loi et la morale
Toute fraude fiscale est un acte illicite.

Imminent(e)
Adjectif : qui va se produire dans très peu de temps
Son arrivée est imminente, son train entre en gare dans cinq minutes.

Immiscer (s')
Verbe : s'introduire mal à propos dans les affaires des autres
En vous occupant excessivement des gens, vous vous immiscez souvent dans leurs affaires personnelles.

Immuable
Adjectif : qui ne change pas
Le mouvement du pendule d'une horloge est immuable.

Impartiale)
Adjectif : qui est juste, sans parti pris
L'arbitre devrait toujours être impartial.

Inamovible
Adjectif : qui ne peut être destitué de sa fonction
Un juge chargé d'une affaire est inamovible.

Incriminer
Verbe : blâmer, mettre en cause
Vous n'êtes pas responsable des erreurs des autres, à quoi bon vous incriminer !

Incurie
Nom féminin : manque de soin, d'organisation
Votre incurie est seule responsable de notre échec.

Induire
Verbe : amener, pousser quelqu'un à
Ce que vous m'avez laissé entendre m'a induit en erreur.

Inéluctable
Adjectif : ce qui ne peut être empêché, qui ne peut être évité
La mort est inéluctable.

Inepte	Adjectif: absurde, idiot, stupide *Depuis son accident, il tient des propos ineptes.*
Infirmer	Verbe: affaiblir (un témoignage), annuler une décision *Ses mensonges ont infirmé ma déclaration.*
Inhérent(e)	Adjectif: lié d'une manière inséparable, qui appartient profondément à un être ou à une chose *L'instinct est inhérent au chien.*
Inhiber	Verbe: faire opposition à l'activité, suspendre un processus psychologique ou physiologique *C'est la colère qui inhiba complètement sa réaction.*
Injonction	Nom féminin: ordre précis et autoritaire *Ce directeur, très énergique, proférait de véritables injonctions envers ses employés.*
Inopiné(e)	Adjectif: qui survient quand on ne s'y attend pas *Son arrivée inopinée en réunion a surpris les participants.*
Inopportun(e)	Adjectif: qui n'arrive pas au bon moment *Son intervention au moment le plus tragique était vraiment inopportune.*
Intègre	Adjectif: personne d'une honnêteté absolue *Ils ne pourraient soudoyer ce juge, car il est intègre.*
Intrinsèque	Adjectif: qui appartient à, qui est essentiel à, qui existe par soi-même *La valeur intrinsèque de l'Homme est la pensée.*
Introverti(e)	Adjectif: tourné vers soi-même *Il ne parle pas beaucoup. Il est vraiment introverti quant à ses rapports avec les autres.*

J

Judicieux(euse)	Adjectif: qui a un bon jugement, qui est pertinent *Sa remarque judicieuse nous a permis de découvrir la clé de l'énigme.*
Juguler	Verbe: interrompre le développement de quelque chose *Le médecin a jugulé sa maladie.*
Jurisprudence	Nom féminin: ensemble des décisions des tribunaux sur une matière; faire jurisprudence, faire autorité *Ce cas, très nouveau, a fait jurisprudence, et permis de nuancer la rigueur de la loi.*

L

Laconique
Adjectif: concis, bref
Sa réponse laconique nous a peu appris sur cette affaire.

Lapidaire
Adjectif: d'une concision extrême (à l'origine ce qui concerne la taille des pierres, un style lapidaire étant le style des inscriptions gravées dans la pierre).
Ces propos sont trop lapidaires pour nous, nous n'en comprenons pas bien le sens.

Lapsus
Nom masculin: faute commise en parlant *(lapsus linguae)*, faute commise en écrivant *(lapsus calami)*, révèle quelque chose venu de l'inconscient
Il a dit: «Depuis que je suis enceinte.» Ce lapsus est significatif de l'état d'esprit dans lequel il est depuis qu'il sait que sa femme attend un enfant.

Latent(e)
Adjectif: qui n'apparaît pas, qui n'est pas manifesté mais qui est sous-jacent
Ce problème est latent, il devait donc surgir un jour.

Laxisme
Nom: tendance excessive à la conciliation, laisser-aller moral
Vos résultats sont l'aboutissement d'un certain laxisme.

Licite
Adjectif: permis par la loi
Il est licite de se promener dans les jardins publics.
Contraire = illicite

Loquace
Adjectif: qui parle beaucoup
Comme il est très loquace, on a su grâce à lui tous les détails de l'affaire.

Lucratif(ve)
Adjectif: qui procure des gains importants
Il est très satisfait: son emploi est lucratif.

M

Magnanime
Adjectif: qui pardonne facilement, avec noblesse et générosité
Il s'est montré magnanime envers lui, il lui a pardonné ses erreurs.

Mnémonique
Adjectif: qui aide à développer la mémoire par des exercices
Il est utile d'employer des moyens mnémoniques pour retenir des numéros de téléphone.

Moratoire

Adjectif : terme de droit, qui accorde un délai

Le moratoire des dettes a été accordé.

Mystifier

Verbe : tromper quelqu'un, s'amuser à ses dépens

Il a cru ce qui lui était dit, il a réellement été mystifié dans cette affaire.

Mythe

Nom masculin : récit fabuleux, construction idéalisée de l'esprit

Le bonheur est un des grands mythes de l'humanité.

N

Néologisme

Nom masculin : création d'un mot nouveau ou nouveau sens attribué à un mot

Amerrir est le type même du néologisme, car il a fallu attendre l'invention de l'hydravion pour avoir besoin d'exprimer cette action.

Nihiliste

Adjectif : qui nie toute croyance

Il a un comportement nihiliste très déplaisant pour son entourage.

Nocif(ve)

Adjectif : nuisible, dangereux pour la santé

Il ne faut pas mettre de produits nocifs à la portée des enfants.

Nomenclature

Nom féminin : liste méthodologique d'objets ou ensemble des termes techniques d'une science, d'un art, classés méthodiquement

Faites une nomenclature de tous les tableaux mis aux enchères.

Notable

Adjectif : digne d'être noté, important

Ce travail lui apporte des avantages notables.

Notoire

Adjectif : qui est connu d'un grand nombre de gens

Des chanteurs notoires participent à ce gala.

O

Obédience

Nom féminin : lien de soumission

Il n'a aucune liberté, il est complètement dans son obédience.

Obséquieux(euse)	Adjectif : qui manifeste un excès de politesse par servilité ou hypocrisie *Très obséquieux, il parle beaucoup par flatteries.*
Obsolescence	Nom féminin : déclassement technologique du matériel industriel, phénomène entraîné par l'apparition d'un matériel plus moderne *L'obsolescence est grande dans ce secteur industriel.*
Officieux(se)	Adjectif : non officiel *Ne divulguez pas ces informations pour le moment, car elles nous sont parvenues par une source officieuse.*
Omnipotence	Nom féminin : toute-puissance *L'omnipotence de cet homme devient inquiétante pour les actionnaires.*
Omniscient(e)	Adjectif : qui sait beaucoup de choses dans toutes les disciplines *Je l'admire beaucoup, j'ai l'impression de côtoyer quelqu'un d'omniscient.*
Opportun(e)	Adjectif : qui se produit au bon moment *Cet argent nous parvient à un moment opportun. En effet, nous voulions acheter une voiture.*
Opprobre	Nom masculin : honte, humiliation *Après cet acte malhonnête, l'opprobre est sur lui.*
Orthodoxe	Adjectif : conforme à une doctrine considérée comme seule vraie par un groupe *Ce que vous me dites là n'est pas très orthodoxe.*
Osmose	Nom féminin : influence réciproque faite d'harmonie *Ils s'entendent très bien, ils vivent dans une sorte d'osmose intellectuelle.*
Ostentation	Nom féminin : soin qu'on apporte à faire parade d'un avantage ou d'une qualité *Il portait sa toge d'avocat avec une certaine ostentation.*
Ostracisme	Nom masculin : exclusion *Nous luttons contre tout ostracisme.*

P

Panacée
Nom féminin : remède ou formule par lesquels on prétend tout résoudre
Cette solution est provisoire ; bien sûr elle n'est pas pour nous la panacée.

Paradoxe
Nom masculin : opinion contraire à l'opinion émise
Votre affirmation contient tout de même un léger paradoxe, vous allez me l'expliquer.

Parcimonieux(euse)
Adjectif : personne très économe
Il vit de peu, il est très parcimonieux.

Partial(e)
Adjectif : qui n'est pas objectif
Un professeur ne doit pas se montrer partial lors de la correction des copies.

Peaufiner
Verbe : mettre au point dans les moindres détails, fignoler
Je tiens à ce que ce rapport soit peaufiné, car il sera lu par le directeur général.

Pécuniaire
Adjectif : relatif à l'argent. Attention, beaucoup font la faute et disent « pécunier » alors que ce mot n'existe pas
Les soucis pécuniaires sont très éprouvants.

Péjoratif(ve)
Adjectif : qui comporte une idée défavorable
Votre jugement lui a paru très péjoratif

Péremptoire
Adjectif : ton contre lequel on ne peut répliquer
Il est craint par beaucoup, car il parle souvent sur un ton péremptoire, difficile à supporter.

Pérennité
Nom féminin : caractère de ce qui dure longtemps
La pérennité des monuments marque leur supériorité sur la longévité des hommes.

Périphrase
Nom féminin : exprimer en termes compliqués, au moyen de beaucoup de mots, ce qui peut être dit plus simplement
Il est parfois difficile de le suivre dans ses raisonnements, car il parle beaucoup par périphrase.

Pernicieux(euse)
Adjectif : nuisible
Il serait pernicieux d'admettre votre point de vue.

Perspicace
Adjectif: personne douée d'un esprit pénétrant, capable de saisir des nuances qui échappent aux autres
Le commissaire, très perspicace, avait déduit beaucoup de choses d'un seul indice.

Phobie
Nom féminin: peur obsédante
Il a la phobie de la mort et se montre craintif pour cette raison.

Pléthore
Nom féminin: surabondance conduisant à un résultat négatif
Il y a pléthore de main-d'œuvre dans ce secteur, le chômage y est inévitable.

Polémique
Nom féminin: discussion sur des questions politiques ou économiques qui conduisent souvent à des controverses
Après ce repas, une polémique est née entre eux au sujet des prochaines élections.

Pondéré(e)
Adjectif: personne réfléchie, calme
C'est un enfant très pondéré, apprécié pour cela de ses professeurs.

Potentiel(le)
Adjectif: qui n'est pas encore exprimé, qui existe en puissance
Votre énergie est à l'état potentiel, il faut la faire surgir.

Pragmatique
Adjectif: qui se fonde sur des faits réels
Très pragmatique, il m'a demandé, dès son succès à cet examen, une augmentation.

Précaire
Adjectif: instable, incertain
Sa situation est précaire dans cette entreprise, elle dépend beaucoup des résultats des deux prochains mois.

Prémices
Nom féminin pluriel: les premiers effets, le début
Les prémices de cette maladie sont toujours très longues.

Présomption
Nom féminin: supposition que l'on tient pour vraie jusqu'à preuve du contraire; opinion très bonne de soi-même
Il n'avait que des présomptions et point d'indices.
C'est un être plein de présomption.

Probité
Nom féminin: honnêteté scrupuleuse
Nous recherchons pour ce poste des individus d'une grande probité car les responsabilités financières sont très importantes.

Prolixe

Adjectif: qui parle ou écrit beaucoup (avec une idée de surabondance)

Très prolixe, il remet toujours plusieurs pages lors d'un examen.

Prôner

Verbe: faire l'éloge de quelque chose avec parfois de l'exagération

Il prônait alors les vertus du travail.

Propension

Nom féminin: tendance, inclinaison

Vous avez une propension à la paresse.

Proroger

Verbe: reporter à une autre date

Cette traite sera prorogée comme il nous l'a demandé.

Prosaïque

Adjectif: manque d'idéal, ne s'attache qu'aux aspects matériels

Il est d'un tempérament trop prosaïque pour comprendre l'aspect psychologique de ce film.

Prosélytisme

Nom masculin: aptitude à convertir

Nous faisons bien sûr du commerce, mais tout de même pas du prosélytisme!

Protagoniste

Nom masculin: qui joue le premier rôle

Le protagoniste de la pièce paraissait sympathique au public qui l'applaudissait beaucoup.

Q

Quintessence

Nom féminin: ce qu'il y a de plus important, de meilleur en une chose

Je tiens à ce que vous reteniez la quintessence de ce livre.

R

Radier

Verbe: rayer d'une liste de manière souvent définitive

Si vous commettez une erreur, vous pouvez être radié de la liste.

Rasséréner

Verbe: ramener au calme après une période de troubles

Dans ce moment d'émotion, cette parole l'a alors beaucoup rasséréné.

Ratifier

Verbe : confirmer ce qui a été promis

Il y eut d'abord plusieurs jours de négociations avant d'aboutir à un accord qui fut ratifié un an après par tous les ministres.

Réceptivité

Nom féminin : aptitude à recevoir des impressions

Sa réceptivité est en général très bonne, je ne comprends pas l'erreur d'interprétation qu'il vient de faire.

Récession

Nom féminin : recul, régression

La récession économique ne leur permet pas actuellement d'investir.

Récidiver

Verbe : commettre à nouveau une faute

Ce malfaiteur est de nouveau en prison, il a récidivé.

Récuser

Verbe : refuser de reconnaître la compétence d'un tribunal, d'un expert, d'un témoin.

Un des membres du jury a été récusé par l'avocat de la défense, car il lui paraissait sans doute trop âgé pour comprendre un si jeune délinquant.

Rédhibitoire

Adjectif : (terme de droit) défaut qui peut motiver l'annulation d'une vente ; par extension : qui constitue un empêchement absolu

Cette clause est rédhibitoire. Il ne peut enseigner avec un tel handicap.

Réfractaire

Adjectif : qui refuse de se soumettre, rebelle

C'est un individu profondément réfractaire aux contraintes quotidiennes.

Réfracter

Verbe : renvoyer un rayon ou une onde

Le rayon du soleil, en se réfractant sur la voiture qui venait en face, a provoqué un accident par manque de visibilité.

Réitérer

Verbe : faire de nouveau, répéter

N'ayant aucune réponse à ce jour, nous réitérons notre demande.

Réminiscence

Nom féminin : souvenir très flou

Ce goût prononcé pour les confitures d'abricot est une réminiscence de mon enfance.

Retors(e)

Adjectif et nom masculin : tordu plusieurs fois, rusé

Très dur en affaires, il peut même se montrer retors.

Rhétorique

Nom féminin : art de bien parler ; figures de rhétorique : tournure employée pour donner à un discours davantage de beauté

Son discours est empli de figures de rhétorique qui lui donnent une dimension esthétique.

S

Sagacité

Nom féminin : perspicacité très aiguë

Il s'est montré plein de sagacité dans cette affaire difficile, je l'ai beaucoup admiré.

Salubre

Adjectif : sain, propre

Ils recherchent des appartements très salubres pour fonder des crèches familiales.

Sarcasme

Nom masculin : ironie mordante

À la sortie de la réunion, il fut accablé de sarcasmes par un public très hostile.

Satiété

Nom féminin : état de quelqu'un complètement rassasié

Nous ne pouvons plus travailler, nous avons atteint un niveau de satiété intellectuelle.

Sceptique

Adjectif : qui doute de tout

Très sceptique, il attend de constater des résultats avant de se prononcer.

Sclérose

Nom féminin : difficulté à s'adapter à de nouvelles situations

Il n'est plus très efficace, il présente des signes de sclérose intellectuelle.

Sédentaire

Adjectif : qui n'aime pas se déplacer, qui ne voyage pas.

Ce voyage à l'étranger l'inquiète un peu. En effet, il est resté toute sa vie très sédentaire.

Simulacre

Nom masculin : action par laquelle on fait semblant d'exécuter quelque chose

Dans ce pays totalitaire, les dernières élections furent un simulacre de méthodes démocratiques.

Sine qua non

Locution adverbiale latine signifiant nécessaire

C'est pour nous une condition sine qua non.

Spécieux(se)

Adjectif : qui a une apparence de vérité dans l'objectif d'induire en erreur

Il nous a tenu des propos spécieux.

Spolier	Verbe : déposséder quelqu'un par fraude ou violence *Durant la dernière guerre, il a été spolié de l'ensemble de ses biens par le régime nazi.*
Sporadique	Adjectif : qui apparaît de temps en temps, de façon irrégulière *Les grèves sont sporadiques dans ce secteur.*
Statu quo	Nom masculin : état actuel des choses, semblable à celui qui régnait auparavant *Nous maintenons le statu quo jusqu'à nouvel ordre.*
Stipuler	Verbe : énoncer expressément une clause, une convention *Le cas que vous me soumettez n'est point stipulé dans ce contrat.*
Subrepticement	Adverbe : sans bruit, par surprise *Le chat est entré subrepticement dans la pièce, car la fenêtre était restée ouverte.*
Subterfuge	Nom masculin : moyen habile pour échapper à une situation afin de se tirer d'embarras *Grâce à ce subterfuge, il a pu s'échapper en conservant une apparence d'honnêteté.*
Succinct(e)	Adjectif : bref, concis, sans détail, un peu incomplet *Votre préparation me semble un peu succincte, je crains que vous n'échouiez à l'examen.*
Sujétion	Nom féminin : être dans la dépendance de quelqu'un *Cela m'étonnerait qu'il vote contre lui à la réunion, car il est complètement dans sa sujétion.*
Syntaxe	Nom féminin : étude des règles qui régissent l'ordre des mots et la construction des phrases *La grammaire et la syntaxe sont des disciplines complémentaires dans l'apprentissage de la langue.*

T

Tacite	Adjectif : admis mais non exprimé ni à l'écrit ni à l'oral *C'est entre nous une convention tacite : je fais le café et il fait la vaisselle.*
Tangible	Adjectif : réel, qui peut être touché, palpé. *Cette preuve tangible nous a convaincus de l'intérêt de ce procédé.*

Thésauriser

Verbe : amasser de l'argent pour le conserver sans l'investir

Au XIXe siècle, une grande partie de la population thésaurisait, c'était l'époque du « bas de laine ».

Timoré(e)

Adjectif : qui a peur d'agir et manifeste un excès de prudence

Il est trop timoré pour prendre de grandes initiatives.

Transiger

Verbe : se mettre d'accord en faisant des concessions mutuelles afin de régler un différend

Nous désirons en finir avec ce procès, nous transigerons donc s'il le faut.

Transgresser

Verbe : passer outre

Il est équitable qu'il paie cette amende car il a, dans cette affaire, transgressé la loi.

U

Ubiquité

Nom féminin : faculté d'être présent dans plusieurs lieux à la fois

Grâce à l'audiovisuel, les hommes possèdent maintenant le don d'ubiquité. Ils peuvent, en effet, être en même temps dans des millions de foyers.

Usufruit

Nom masculin : (terme de droit) jouissance du revenu d'un bien dont la propriété appartient à un autre

Ses enfants sont héritiers, mais il possède l'usufruit des biens jusqu'à sa mort.

V

Véhément(e)

Adjectif : impétueux, passionné, fougueux

L'orateur s'est montré très véhément et a réussi à convaincre son auditoire par son attitude.

Velléitaire

Adjectif et nom : qui ne se décide pas à agir ou à aller jusqu'au bout de quelque chose

Il s'est montré velléitaire dans cette affaire en changeant sans cesse d'orientation.

Vénal(e)

Adjectif : qui agit dans le but de gagner de l'argent au mépris de la morale

Dans cette transaction de terrains, certains ont agi de manière vénale en acceptant des pots-de-vin.

Véreux(euse)

Adjectif : malhonnête

Il s'est adressé à une agence immobilière véreuse, il a eu ensuite beaucoup d'ennuis pour revendre cette maison qui n'était pas aux normes.

Versatile

Adjectif : qui change souvent d'opinion

Il est difficile de prendre des décisions avec un responsable aussi versatile.

Viabilité

Nom féminin : aptitude à bien fonctionner

Nous vous garantissons la viabilité de cet appareil.

Vindicatif(ve)

Adjectif : porté à se venger, rancunier

Vous aurez du mal à l'apaiser, car il est très vindicatif.

Volatil(e)

Adjectif : qui s'évapore facilement

C'est un parfum particulièrement volatil.

Volubile

Adjectif : qui parle en abondance, rapidement

Vous avez un tempérament méditerranéen, vous êtes, en effet, très volubile.

Vulgariser

Verbe : mettre une connaissance, souvent difficile à comprendre, à la portée de tous

À notre époque, beaucoup de magazines scientifiques vulgarisent les nouvelles découvertes, souvent ardues à comprendre.

X

Xénophile

Adjectif et nom : qui aime les étrangers

Très xénophile, il est toujours entouré d'un groupe d'amis de plusieurs nationalités.

Xénophobe

Adjectif et nom : qui n'aime pas les étrangers ou tout ce qui vient de l'étranger

C'est un être sédentaire, profondément xénophobe.

À RETENIR

- Les mots de langue « soutenue » sont d'un degré supérieur au langage employé lors d'un oral courant, compris de tous. Aussi, la langue soutenue est-elle peu utilisée en langage professionnel pour ne pas risquer une mauvaise interprétation des messages émis.

- Chacun parle avec un patrimoine de mots qui lui est propre, lié à son éducation et sa formation sans avoir conscience de ne pas être toujours bien perçu par ses interlocuteurs.

- Ces 250 mots, sélectionnés pour leur utilité en contexte professionnel, sont donc une piste de travail possible pour renforcer la qualité de son écoute et la clarté de ses transmissions.

CORRIGÉS DES EXERCICES DE MISE EN PRATIQUE

Mise en pratique fiche 1 – S'approprier la phrase professionnelle

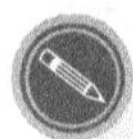

CORRIGÉ

Madame, Monsieur,

Nous sommes particulièrement sensibles à votre confiance à notre égard. Nous souhaitons apporter tous nos soins au courant d'affaires développé avec votre entreprise dans un esprit de collaboration technique et commerciale.

Dans cet objectif, nous tenons à attirer votre attention sur les conditions de fonctionnement de nos services de production. En effet, depuis un an environ, nous avons constaté un accroissement important du nombre d'ordres, accompagné d'une augmentation des quantités unitaires à livrer dans des délais très courts. Ce changement se répercute directement, non seulement sur les coûts de production, mais aussi sur les délais de mise à disposition de vos ordres.

Par la présente, nous tenons donc à vous préciser les deux points suivants :

1) délais moyens d'exécution des commandes de 4 semaines au minimum pour des produits de consommation régulière (6 à 8 semaines pour des produits spéciaux) ;

2) variation des frais d'expédition en fonction des quantités unitaires commandées.

En conséquence, nous vous invitons à tenir compte de ces deux points en vous efforçant, si possible, de grouper vos ordres.

Nous comptons sur votre compréhension et vous en remercions par avance.

Veuillez agréer, Madame, Monsieur, nos salutations distinguées.

Mise en pratique fiche 2 – Transmettre son message efficacement

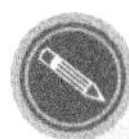 CORRIGÉ

1. Nous avons le regret de vous informer que nous n'avons pas reçu votre règlement. Aussi, afin d'effectuer des recherches en nos services, nous vous serions obligés de bien vouloir nous retourner le document ci-joint, dûment rempli.

2. En effet, dans l'immédiat, nous devons attendre l'expertise de l'assureur. Nous ne pouvons donc rien entreprendre pour reconstituer, même partiellement, notre capacité de production et de vente. Il nous faut compter sur un délai de deux mois avant que ne soient terminées les différentes procédures préparant le règlement du sinistre. Ce règlement permettra d'ailleurs à notre trésorerie, provisoirement restreinte, de faire face à toutes nos obligations.

3. Il nous est parvenu, ces derniers temps, un nombre très important de commandes à livrer dans des délais souvent très réduits. Notre service Expéditions a donc été contraint à un travail accru, encore accentué par les conséquences d'une grève concernant plusieurs services de l'un de nos fournisseurs.

4. Nous vous rappelons que les conditions particulières dont vous bénéficiez nous amènent à faire apparaître sur nos factures une remise de 2 %. Il est bien entendu que cette même remise s'applique également sur les avoirs que nous pouvons émettre.

5. Il est rappelé à tous les représentants de bien vouloir soumettre les dossiers de leurs clients à notre service financier. Ce dernier définira lui-même le mode de règlement des factures. Aucune dérogation ne saurait être, en effet, acceptée si cette démarche n'était pas accomplie.

6. Or, la difficulté vient du fait que vous donnez vos ordres de déductions à vos services comptables dès que vous constatez un litige (articles manquants, retours de marchandises, etc.) avant même de recevoir nos notes de crédit, sans tenir compte de la remise. Ce fait entraîne ensuite dans notre comptabilité une multitude de différences de règlements, souvent minimes, n'aboutissant à une régularisation qu'après plusieurs interventions de nos services.

7. Vous n'ignorez pas que la vente est une convention par laquelle les deux parties contractantes s'engagent l'une vis-à-vis de l'autre. C'est donc à juste titre, et pour nous garantir de tout préjudice, que nous nous estimons directement concernés par l'identité de notre interlocuteur.

8. Vos remarques concernant les imperfections typographiques que comportait votre annonce, parue le 5 mai dernier dans notre journal, nous paraissent pleinement justifiées. Il est exact en effet que votre texte ne comportait pas initialement ces erreurs, dues à un problème de composition finale.

Mise en pratique fiche 3 – Alléger ses phrases

CORRIGÉ

1. Cet objectif, primordial pour notre entreprise, doit être réalisé en 5 ans.

2. Ses solutions sont l'aboutissement de longues recherches.

3. Il semble impossible de sélectionner les marchandises destinées à l'étranger.

4. Ses oublis, dans ce cas précis, ne seront pas graves.

5. Nous estimons porter la responsabilité d'une telle erreur.

6. Nous ne voulons pas envisager l'application de ce projet : son coût financier est trop élevé.

7. Ils choisissent d'intervenir dans cette affaire afin de satisfaire leurs clients.

8. Cette fructueuse collaboration nous a semblé un élément capital dans la réussite de ce projet.

9. Nous vous rendons responsables du dommage causé à notre client par ce retard.

10. Ces critiques pertinentes ne peuvent pas changer le cours de mon travail.

11. À notre vif regret, nous ne pouvons vous donner d'informations précises sur cette entreprise très récente.

12. Ses craintes n'étaient pas fondées.

13. Cette machine, peu entretenue, est actuellement en panne.

14. Nous attirons votre attention sur la nécessité de très bien préparer ce stage.

15. Ce client offre d'excellentes garanties.

16. Cet événement, cause du changement politique de cette époque, n'a pu être oublié par les contemporains.

17. Ses critiques ne sont pas justifiées.

18. Les hommes de loi, ont évoqué au cours de la réunion cette affaire alors très avancée.

19. Il ne pouvait vous rencontrer à cette époque : il est de 20 ans votre cadet.

20. Nous attendrons son retour de voyage pour lui poser cette question.

21. Toutes dispositions sont prises pour vous envoyer ces articles à la date prévue.

22. Les personnes, actuellement reçues par le directeur, feront prochainement partie du personnel.

23. Ce fait, preuve d'un changement de stratégie publicitaire de leur part, nous étonne beaucoup.

24. Ses recherches ne l'ont pas conduit à des découvertes extraordinaires.

25. Les matières premières indispensables nous parviendront sous peu.

26. Cette société, leader du marché, a obtenu cette année des résultats très peu concluants.

27. Nous vous renverrons sous peu, par notre coursier, le colis abîmé au cours du transport.

28. Je ne me suis pas rendu à l'étranger comme prévu : j'avais renoncé à ce marché.

29. Vous nous remettrez ce projet avant sa nomination à ce poste.

30. Nous oublierons volontiers les faiblesses de ses raisonnements antérieurs.

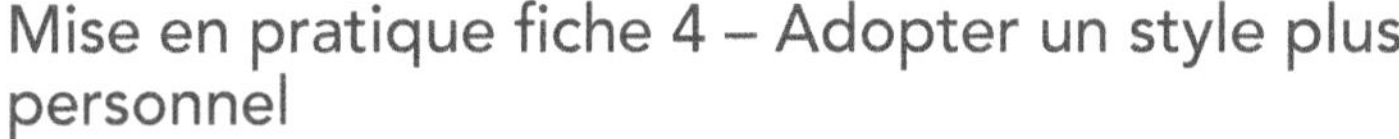

Mise en pratique fiche 4 – Adopter un style plus personnel

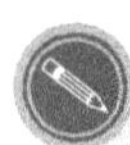

CORRIGÉ

1. Afin de vous permettre de fixer votre choix, nous vous prions de vous reporter à notre catalogue.

2. Très surpris d'être restés sans réponse à ce sujet, nous sommes disposés à faire usage des dispositions prévues.

3. Malgré un freinage énergique, M. Vasseur n'a pu éviter que l'avant gauche du camion ne heurte la barrière.

4. Le 29 avril dernier, nous vous avons fait parvenir cette commande.

5. Afin de sauvegarder les intérêts de nos clients, nous nous sommes efforcés de retarder le plus possible toute augmentation des prix.

6. Par suite de leur contact avec des éléments liquides, ces caisses ont subi des détériorations.

7. À notre vif regret, nous ne pouvons vous donner d'informations plus précises.

8. En me fondant sur la date d'expédition annoncée sur votre facture, j'ai fait des promesses formelles à de nombreux clients.

9. Lors de notre entretien, nous étions convenus que vous nous accorderiez un escompte de 2 %.

10. Sous ce pli, je vous adresse les documents suivants.

Mise en pratique fiche 5 – Choisir le ton juste

 ## CORRIGÉ

1. « Nous sommes très surpris » au lieu de « Nous sommes très en colère » – « Nous en sommes certains » au lieu de « Nous en sommes sûrs » – « Nous nous verrions » au lieu de « Nous nous verrons » – « à notre grand regret » au lieu de « c'est certain ».

2. « Nous sommes navrés de constater » au lieu de « C'est avec stupéfaction qu'il... » – « contraint » au lieu « d'obligé » – « Nous trouvons ce procédé particulièrement arbitraire » au lieu de « Ce fait nous paraît arbitraire et excessif ».

   « Ces procédés ne correspondent pas à la manière dont nous souhaitons travailler » au lieu de « Cela ne correspond pas.... »

 Mise en pratique fiche 6 – Lier ses idées

 CORRIGÉ

1) Par contre / en revanche 2) c'est-à-dire 3) C'est pourquoi 4) en effet 5) car 6) en outre 7) Aussi 8) d'une part, d'autre part 9) en outre 10) voire 11) Au cas où 12) En fait / Quant à 13) donc par conséquent 14) En ce qui concerne / Quant à 15) Au contraire/En revanche 16) Par conséquent 17) or 18) mais / toutefois 19) Néanmoins / Toutefois 20) pourtant 21) cependant / toutefois 22) Toutefois 23) cependant / toutefois 24) En conséquence 25) donc 26) Pour cette raison 27) par conséquent 28) Pour toutes ces raisons / En conséquence

Mise en pratique fiche 17 – Apposer correctement points et virgules

CORRIGÉ

1. S'il vous était possible d'attendre jusque-là, nous pourrions vous fournir immédiatement, en remplacement, la quantité que vous désirez.

2. Une erreur a été commise dans la rédaction de cette facture. Son montant est bien payable en deux fractions égales : l'une fin novembre, l'autre fin décembre.

3. Nous vous expédions ce jour même, franco de port, les articles faisant l'objet de votre commande du 24 courant.

4. Pour cet entretien, votre intérêt est de vous adresser exclusivement à l'un de nos agents, seuls spécialistes qualifiés.

5. Nous venons de reprendre l'examen des éléments de notre proposition, avec le vif désir de nous rapprocher des prix que vous indiquiez. *(Les deux sont possibles : soit l'ensemble de la phrase exprime l'idée force, soit la partie derrière la virgule est un aparté plus secondaire pour le rédacteur.)*

6. Il serait préférable que la circulaire soit présentée comme une lettre ordinaire sur le papier à en-tête de l'entreprise. Ainsi, elle serait traitée par chaque destinataire comme une lettre personnelle et son contenu obtiendrait le maximum d'audience.

7. On reprend, un à un, les exemplaires contenant le texte et on y porte, à leur place habituelle, le nom et l'adresse du destinataire.

8. Si votre proposition nous convenait, nous envisagerions de vous remettre un ordre livrable le 5 mai.

9. Il précisera s'il désire un essai à titre gratuit, sans engagement de sa part.

10. Notre service de vente est à votre entière disposition pour compléter votre information, pour examiner avec vous vos problèmes particuliers, d'ordre financier ou autre, et vous aider à les résoudre.

Mise en pratique fiche 18 – Ponctuer en nuances

 CORRIGÉ

1. Examinez spécialement s'il ne serait pas utile de compléter la rédaction de l'offre par une visite à l'intéressé. *(« Spécialement » pourrait être mis entre virgules si l'on veut insister.)*

2. Je vous serais obligé de bien vouloir m'adresser une documentation concernant les appartements encore disponibles dans les immeubles que vous construisez dans le XXᵉ arrondissement. *(Pas de virgules car l'idée possède la même force sur toute la phrase.)*

3. Cette documentation comprend le plan d'ensemble des immeubles ; le plan détaillé de divers types d'appartement, de 1 à 8 pièces ; la description technique de chaque appartement, matériaux, équipement ; un tableau des prix de vente et les modalités de règlement.

4. *La phrase est correctement ponctuée.*

5. Cet ordre, plus élevé que ceux que je vous remettais habituellement, tenait compte d'une augmentation très sensible du nombre d'estivants.

6. Le 23 mars prochain, je dois vous rembourser la somme que je vous ai empruntée le 10 décembre dernier.

7. *La phrase est correctement ponctuée.*

8. Des rentrées, sur lesquelles je comptais, ne se sont pas produites.

9. À mon service depuis quelques mois, encore mal informé des liens particuliers qui existent entre nos deux sociétés, il a fait une erreur de jugement.

10. *La phrase est correctement ponctuée*

Mise en pratique fiche 20 – Savoir identifier les outils grammaticaux

Noms	Adjectifs	Verbes	Adverbes
client	rapide	a pris	désormais
pouvoir	massive	consomme	ultra
roi	possibles	veut	tout
diffusion	utilisés (*participe	utilisent	également
informations	passé employé*	commandent	actuellement
diffusion	*comme adjectif*)	testent	partout
innovations	bons	sont devenus	
jours	nouveaux	ont pris	
consommateurs	puissants	changer	
canaux	numériques	doit	
distribution	nouvelles	être	
		acquérir	

Noms	Adjectifs	Verbes	Adverbes
net	managériale	anticiper	
magasin		bouger	
moyens		s'adapter	
évolutions		apparaît	
pouvoir		donner	
organisation		qualifier	
entreprises			
bouleversement			
habitudes			
manager			
compétences			
sens			
collectif (*ici c'est un nom mais dans d'autres contextes ce même mot peut être un adjectif*)			
règles			
stress			
terme			
agilité			
attitude			

Mise en pratique fiche 21 – Bien cerner les accords difficiles

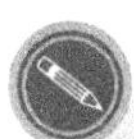

CORRIGÉ

modalités, chargée, collecter, affecter, cotisées, emporte, sécurité sociale, procéder, communiquer, accélérer, difficultés, reconnaissants, l'envoi, un paraphe, un astérisque, nos salutations distinguées.

Mise en pratique fiche 22 – Accorder les participes passés avec certitude

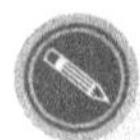 ## CORRIGÉ

Les numéros entre parenthèses renvoient à la règle exacte du tableau des accords de participes passés.
Vous pourrez ainsi déterminer vos points faibles en vous y reportant.

1. Contraints(es) (5)
2. Connus (3) occasionnellement pronominaux
3. Suivi (4) – conduits(tes) (4)
4. Envoyés (1)
5. Apportés (2)
6. Dû (5) – donné (4) (indirect)
7. Adressés (1) – parvenus (1)
8. Demandé (4)
9. Fait (5) (exception) – expliqué (4) (indirect)
10. Nui (4) (indirect)
11. Serrés (3) occasionnellement pronominaux
12. Estimée (2)
13. Persuadés (1)
14. Vus (3) – parlé (3) (indirect) – oubliés (3) occasionnellement pronominaux
15. Exposés(ées) (4)
16. Écrit (3) (indirect) occasionnellement pronominaux
17. Engagés(ées) (3) occasionnellement pronominaux
18. Organisée (3) occasionnellement pronominaux
19. Dispensés(ées) (1)
20. fait (5) (exception)

21. Obligés(ées) (1)

22. Adressées (2)

23. Partagées (1)

24. Adressé (4)

25. Encouragés(ées) (4) – offert (4) (indirect)

26. Due (1) – employé (adjectif)

27. Vus (4) – parlé (4) (indirect)

28. Intéressés(ées) (2)

29. Rencontrées (4) – semblé (4) (indirect)

30. Vu (5)

31. amenés(ées) (4)

32. Proposés (4)

33. Vues (5)

34. Garantis (1)

35. Demandé (5) (indirect)

36. Parvenue (1)

37. Imposé (3) occasionnellement pronominaux

38. Fournie (2)

39. Choisi (5)

40. Reçu (4)

41. Fatigués (3) occasionnellement pronominaux

42. Échangé(4) (indirect)

43. Permis (3) (indirect) occasionnellement pronominaux

44. Passées (4) – parvenues (1)

45. Priés(ées) (5)

46. Touché (4)

47. Fait (4) – procédé (4)

48. Navrés (1) – obligés (1)

49. Livrées (2)

50. Donnés (1)

51. Expédié (3) occasionnellement pronominaux (indirect)

52. Dépassés (1)

53. Effectuée (2)

54. Enregistré (4) – formulées (4) – procédé (4)

55. Notifiée (1)

56. Reçu (4) – envoyée (4)

57. Nui (3) (indirect) occasionnellement pronominaux

58. Fait (3) suivi d'un infinitif (exception)

59. Surgi (4) – dépassés (4)

60. Appelés(ées) (4) – répondu (4) (indirect)

61. Tenus (3) occasionnellement pronominaux

62. Portée (4)

63. Révélés (3) occasionnellement pronominaux

64. Changé (4) – réorganisé (4) – formé (4)

65. Distribués (3) occasionnellement pronominaux

66. Vécues (4)

67. Adressé (3) occasionnellement pronominaux

68. Étonnés(ées) (3) occasionnellement pronominaux

69. Vu (5)

70. Soutenus(ues) (4) – donné (4) (indirect)

71. Abstenus (3) toujours pronominaux

72. Devenus (1)

73. Conservées (3) occasionnellement pronominaux

74. Plu (3) (indirect) occasionnellement pronominaux

75. Envisagée (2)

76. Enquises (3) toujours pronominaux

77. Cassée (3) occasionnellement pronominaux

78. Allumées (3) occasionnellement pronominaux

79. Enfuis (3) toujours pronominaux

80. Eu (4)

81. Connues (4)

82. Informés(ées) (4)

83. Retenu (4)

84. Pu (4) – atteint (1)

85. Chauffés (2)

86. Établis (1)

87. Convaincus(ues) (4)

88. Séduits(es) (4)

89. Écrit (3) (indirect)

90. Approuvés (4)

91. Demandé (3) occasionnellement pronominaux

92. Liés(ées) (4)

93. Mêlés (1)

94. Retenues (1)

95. Interrogés (2)

96. Engagés (3) occasionnellement pronominaux

97. Succédé (3) (indirect) occasionnellement pronominaux – surmontées (4)

98. Crue (4) – montrée (3) occasionnellement pronominaux

99. Contesté (4) – invoquées (4)

100. Eu (6)

Mise en pratique fiche 23 – Déjouer les points à problèmes en conjugaison

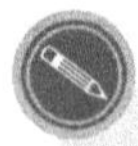

CORRIGÉS

I. 1. que j'acquière 2. qu'il sortît 3. que tu sois parti(e) 4. que je voie 5. nous rejetons 6. nous envoyions 7. il convint 8. vous aurez choisi 9. vous eûtes transmis 10. j'avais remarqué 11. ils jetteront 12. ils appelleraient 13. il aurait reçu 14. que nous démultipliions 15. qu'ils aient lu 16. qu'il confondît 17. il acquiert 18. je conclus 19. je viendrai 20. nous aurions délayé 21. qu'il engage 22. que tu regrettasses 23. qu'il ait choisi 24. je crains 25. nous résolûmes

II. 1. plus-que-parfait de l'indicatif 2. passé composé de l'indicatif 3. futur antérieur de l'indicatif 4. futur antérieur de l'indicatif 5. conditionnel passé 1ʳᵉ forme 6. subjonctif passé 7. futur de l'indicatif 8. imparfait de l'indicatif ou subjonctif présent 9. passé simple de l'indicatif 10. conditionnel présent 11. subjonctif passé 12. futur de l'indicatif 13. plus-que-parfait de l'indicatif 14. imparfait de l'indicatif 15. subjonctif plus-que-parfait ou conditionnel passé 2ᵉ forme 16. passé simple de l'indicatif 17. passé composé de l'indicatif 18. conditionnel passé 1ʳᵉ forme 19. présent de l'indicatif ou subjonctif présent 20. subjonctif passé

Mise en pratique fiche 24 – Concordance des temps au conditionnel et au subjonctif

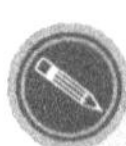

CORRIGÉS

I. 1. ils **allumeront** 2. ils **allumeraient** 3. ils auraient **allumé**

II. 2. Il vous donnerait le code d'accès à son ordinateur, si vous lui demandiez.

3. Il vous aurait donné le code d'accès à son ordinateur, si vous lui aviez demandé.

6. Nous ne serions pas en retard, si vous aviez effectué les tâches administratives en temps et en heure.

III. 1. S'il avait rencontré cette personne, il l'**aurait invité** à sa conférence.

2. Si tu avais assisté à la réunion, tu **aurais pu** faire le compte rendu.

3. Au cas où vous prendriez l'avion, il vous **faudrait** un passeport.

4. Si j'avais eu à réaliser ce projet c'est à lui auquel j'**aurais pensé** pour le design.

5. Vous **auriez réussi**, si vous aviez élaboré une stratégie.

6. S'il arrive à convaincre les électeurs il **deviendra** Président.

7. S'il remplit les conditions, il **entrera** dans la fonction publique.

8. S'il a payé ses impôts après le 15 novembre, il **aura** une majoration.

9. S'il implantait une usine dans cette région, il **pourrait** développer l'emploi.

10. Nous **voudrions** être professeurs, si nos parents ont les moyens financiers de subvenir à nos études.

IV. 1. trompe 2. effectuiez 3. finît 4. aient 5. collaborât 6. choisisse 7. tînt 8. soyez 9. puisse 10. provoquassent (tolérance : provoquent) 11. employât 12. n'augmentât (tolérance : n'augmente) 13. soit rangé 14. envoyât 15. assistât 16. entrât 17. pliiez 18. fût (tolérance : soit) 19. vît 20. suivent

Mise en pratique fiche 26 – Éviter les répétitions

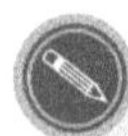 ### CORRIGÉ

1. n'approuve pas – n'admets pas – ne tolère pas
2. causé – engendré – entraîné – occasionné
3. accueillons – agréons – recevons
4. désirerais – souhaiterais
5. exécuter – réaliser – effectuer
6. disponible – libre
7. agrément (administratif) – assentiment
8. passer – signer
9. ratifié
10. est assujetti – contraint
11. effectuera – procédera à
12. considérons – estimons
13. idée – opinion – sentiment – point de vue
14. se rangent à – s'alignent sur
15. compte – rassemble
16. vous acquitter de – régler – verser – d'honorer
17. justifie d' – possède
18. une entrave – un frein
19. assume – exerce – occupe – remplit
20. le motif – le but – la raison
21. d'appliquer les – d'observer les – de respecter les – de suivre les – de tenir compte des
22. construit – créé – implanté – installé
23. autorisation – accord
24. évaluations

25. répercussions – suites

26. avons cherché à – nous sommes efforcés de – avons tenté de

27. concouru – participé

28. adressons – expédions – faisons parvenir

29. constaté – décelé – relevé – remarqué

30. Présenter ma candidature au poste

31. de chiffrer – de déterminer – d'estimer – de fixer

32. maintiens – réitère

33. communiquer – faire connaître – formuler

34. échafaudé – élaboré – préparé

35. effectue – procède à – opère

36. contient – indique – mentionne – spécifie – stipule

37. transmettons – passons

38. comporte – répertorie

39. précisons – annonçons – signalons

40. dédommagement – réparation – contrepartie

41. amèneront à – engageront à – détermineront à – inciteront à

42. la certitude – la garantie

43. désorganisé

44. sont parvenues – ont abouti à

45. présente

46. interrompu – suspendu – stoppé

47. prévoit – stipule

48. ont plaidé

49. effectué le – opéré le – ordonné le

50. éléments – motifs

51. alloué – consenti – octroyé

52. conviction

53. consenti – permis – octroyé

54. analogue – identique – semblable

55. apporterons – prêterons – porterons

56. justifier des – posséder

57. attribuerai – octroierai – consentirai

58. remplit – répond à – satisfait à

59. collaborateur – assistant

60. respecter – observer

61. justifie des – possède

62. le commentaire – l'observation – la remarque

63. connaît – obtient – remporte – rencontre – recueille

64. éludé – omis – sous-estimé

65. exploite – gère – possède

66. méthodes – procédés

67. établis – étudiés – évalués – fixés

68. accordez – manifestez – témoignez

69. compétences – aptitudes – qualités

70. installées – placées – posées

71. prions – serions reconnaissants

72. clarifier – élucider

73. ordonne – enjoint

74. communiqués – fournis – transmis

75. objectif – but – dessein – avoir de telles intentions

76. avaries – dégâts – détériorations

77. défini – délimité – établi – fixé

78. contradictoires – opposées

79. ajourné – remis – reporté à une date ultérieure

80. a communiqué – a expliqué – nous a informés des

81. modifications – transformations

82. avisez – prévenez

83. indications – renseignements suivants

84. amélioré – remanié – remodelé – restructuré – transformé

85. assuré – convaincu – persuadé

86. avancez – faites valoir

87. déclenché – occasionné – entraîné – provoqué

88. apprécierez – estimerez – évaluerez

89. les motifs – les raisons – la nature

90. absence – insuffisance – carence

91. informe – fait savoir – signale – communique – indique

92. causé – engendré – entraîné – occasionné

93. communiqué – fait connaître – fait savoir

94. pléthore – surabondance

95. appui – assistance – collaboration – concours – soutien

96. demandons impérativement

97. allégations – assertions

98. plaintes – reproches – critiques

99. alléguez – assurez – certifiez – prétendez – soutenez – maintenez

100. afférente au – concernant le – correspondant au – se rapportant au

Mise en pratique fiche 27 – Développer son vocabulaire pour aller plus loin

 CORRIGÉS

I. 1. ratifié 2. caustique 3. cohérente 4. efficients 5. éclectique 6. osmose 7. obséquieux 8. fallacieux 9. orthodoxe 10. circonspect

II. 1. sceptique 2. sclérose 3. omniscient 4. digression 5. ostentation
6. circonscrits 7. déférent 8. magnanime 9. sagacité 10. spécieux

III.

Affable *Personne pleine de bienveil-* *lance* **Statu quo** *État actuel des choses* **Déontologie** *Science qui traite des devoirs* *à remplir* **Xénophobe** *Qui n'aime pas les étrangers*	**Euphémisme** *Emploi d'un mot* *positif pour adou-* *cir une expression* *choquante* **Désuet** *Démodé* **Exhaustif** *Complet*	**Tangible** *Réel* **Facétieux** *Qui aime plaisanter* **Congru** *Exact*

IV. 1. spolié 2. timorée 3. bibliographie 4. homologues 5. diffus
6. laconique 7. sédentaire 8. thésaurisation 9. officieuse
10. grégaire

V. 1. décrypté 2. sclérose 3. boycotté 4. extrapoler 5. édulcorer 6. galvanisé 7. mystifié 8. aliéné 9. convergé 10. démystifié

VI. 1. tacite 2. dubitatif 3. endémique 4. exècre 5. hétérogène
6. colloque 7. édulcoré 8. succincts 9. récidivé 10. rasséréné

VII.

Rédhibitoire *Qui peut motiver l'annu-* *lation d'une vente* **Vénal** *Qui agit pour gagner de* *l'argent* **Fallacieux** *Qui est destiné à tromper*	**Tacite** *Non exprimé* **Compiler** *Rédiger à partir des* *textes d'auteurs* **Retors** *Rusé*	**Véreux** *Qui n'est pas honnête* **Velléitaire** *Qui n'a que des inten-* *tions fugitives* **Opprobre** *Honte* **Aléatoire** *Qui dépend du hasard*

VIII. 1. blanc-seing 2. conjoncture 3. extrapoler 4. compiler 5. Finalité
6. Satiété 7. Utopie 8. Exaction 9. Franco de port 10. Probité

IX. 1. mnémoniques 2. obsolescence 3. présomptions 4. coercitif
5. cession 6. émoluments 7. péremptoire 8. lapsus 9. inepte
10. judicieuses

X.

Phobie *Peur obsédante* **Infirmer** *Annuler une décision* **Endémique** *Qui sévit en permanence*	**Obédience** *Qui est dans un lien de soumission* **Moratoire** *Qui accorde un délai* **Laconique** *Concis*	**Hémicycle** *Demi-cercle* **Pléthore** *Surabondance* **Juguler** *Interrompre le développement* **Sine qua non** *Nécessaire*

XI. 1. concis 2. inamovibles 3. induit 4. concomitantes 5. lucrative 6. introverti 7. notoire 8. nomenclature 9. illicites 10. quintessence

XII. 1. divergents 2. éminent 3. précaires 4. xénophile 5. caducs 6. parcimonieux 7. discriminatoires 8. véhément 9. versatile 10. véreuses

XIII.

Peaufiner *Fignoler* **Caustique** *Ironique* **Débouter** *Rejeter en justice*	**Incurie** *Manque d'organisation* **Loquace** *Bavard* **Propension** *Tendance* **S'immiscer** *S'introduire dans les affaires d'autrui*	**Circonstancié** *Très détaillé* **Lapidaire** *D'une concision extrême* **Opportun** *Qui arrive au bon moment*

XIV. 1. incriminer 2. l'a agoni 3. décade 4. s'est déjugé 5. impartial 6. proroger 7. arboré 8. acception 9. apologie 10. polémique

XV. 1. pondéré 2. prosaïque 3. magnanime 4. nihiliste 5. coercitives 6. inopinée 7. notoire 8. intègre 9. collégial 10. autodidacte

XVI.

Vulgariser *Porter à la connaissance de tous* **Réitérer** *Répéter* **Fatuité** *Satisfaction déplaisante de soi-même*	**Volatil(e)** *Qui s'évapore facilement* **Pernicieux** *Nuisible* **Volubile** *Qui parle avec rapidité* **Collationner** *Comparer des manuscrits*	**Subrepticement** *Sans bruit* **Perspicace** *Doué d'un esprit pénétrant* **Transgresser** *Passer outre*

XVII. 1. avenant 2. apurer 3. arbitraires 4. inopportunes 5. circonscrit
6. transgresse 7. notoires 8. prolixe 9. adéquation 10. corroborera

XVIII. 1. ratifié 2. protagoniste 3. sédentaire 4. récusé 5. sujétion
6. aléas 7. acrimonie 8. déprédations 9. injonctions 10. arguer

XIX. 1. viabilité 2. vindicatif 3. subterfuges 4. ambivalente 5. arbitraires
6. acerbes 7. pécuniaires 8. laxisme 9. inhérents 10. inéluctables

XX.

Timoré *Excès de prudence* **Abrogation** *Annulation d'une loi* **Anachronisme** *Erreur d'époque* **Acrimonie** *Disposition à la mauvaise humeur*	**Assertion** *Affirmation* **Réceptivité** *Aptitude à recevoir des impressions* **Sporadique** *Qui apparaît de temps en temps* **Obsolescence** *Matériel dépassé technologiquement*	**Licite** *Permis par la loi* **Ubiquité** *Qui peut être en plusieurs lieux à la fois*

BIBLIOGRAPHIE DES AUTEURS

Ouvrages de Michelle Fayet (michelle.fayet@wanadoo.fr)

Rédiger sans complexes, Éditions Eyrolles

Réussir ses comptes rendus, Éditions Eyrolles

12 Méthodes de communication écrite et orale, en collaboration avec Jean-Denis COMMEIGNES, Éditions Dunod

Faites une synthèse, en collaboration avec Jean-Denis COMMEIGNES, Éditions Dunod

Rédiger des rapports efficaces, en collaboration avec Jean-Denis COMMEIGNES, Éditions Dunod

Écrire en anglais professionnel, en collaboration avec Sandra Thibaudeau, Éditions Dunod

Réussir la note administrative aux examens et concours, en collaboration avec Jean-Denis COMMEIGNES, Éditions Eyrolles

Modèles types de lettres et courriers électroniques, Éditions d'Organisation

Réussir sa dissertation d'examens ou de concours, en collaboration avec Jean-Denis COMMEIGNES, Éditions d'Organisation

Le grand livre de l'histoire de France, en collaboration avec Aurélien Fayet, Éditions Eyrolles

CD-ROM « *Qualité des écrits professionnels* », Chambre de commerce et d'industrie de Paris

PRODUITS E. LEARNING : « *Naviguer en grammaire* » et « *Le terrain des écrits* », Chambre de commerce et d'industrie de Paris

COMMENT ACCÉDER AUX COMPLÉMENTS EN LIGNE

Retrouvez sur le site d'Eyrolles tous les modèles de lettres disponibles en téléchargement.

 https://www.editions-eyrolles.com/dl/0057137

Dépôt légal : Juin 2019
Imprimé en Allemagne par BoD